此刻，告別你的混亂人生

抛棄自我懷疑，解決不完美情緒，接納真實自我，打造喜歡的生活方式

宋曉東　著

高寶書版集團

上篇

拉自己一把，越過人生陷阱

目錄

chapter 5

生活迷茫：我是誰，我該去向哪裡

目錄

下篇
咬牙堅持下去，明天總比今天好

目錄

序言

只要跑下去，天自然會亮

太陽每天都會照常升起，人只要活著就會遇到不同的難題。與以往不同的是，現代人所面臨的難題，早已不再是吃不飽、穿不暖這一類的生活難題，而是精神空虛、情緒失控一類的心理難題。

從二〇一一年進入大學工作至今，我幸運地獲得了大量的時間和機會去和那些在心理上感到困惑的大學生進行交談。二〇一四年，我創辦了微信訂閱號「小宋老師的幸福課」，所寫文章經常被職場類的公眾號轉載，收到很多職場人士的回饋，我又因此獲得了不少機會去了解職場人士所面臨的一些心理困惑。

在長期為他人答疑解惑的過程中，我發現，無論是在校大學生，還是職場人士，當他們遇到人生困境的時候，都會表現出很多共同的心理問題。我把這些心理問題分為五大類：

- 精神空虛——在輕鬆的生活中陷入憂鬱
- 情緒失控——特別容易感到精神焦慮
- 自我懷疑——總是覺得自己不值得一提
- 社交恐懼——渴望交往卻屢遭傷害
- 生活迷茫——我是誰，我該去向哪裡

坦白說，我自己也曾深受上述心理問題的困擾。二〇一九年，我看似順利地獲得了博士學位，然而很多人並不知道，在被學校錄取為博士研究生之前，我一邊工作、一邊早出晚歸地複習備考，並且默默承受了四次考試落榜的打擊。

在攻讀博士學位的三年內，我被讀書、工作、寫作、養家這幾座「大山」壓得喘不過氣來，為此我幾乎放棄了所有的休息和娛樂時間，恨不得把每一分鐘掰成兩半去用，我的身體也差點累出了問題。

在那段灰暗的時光裡，我經常會感到精神焦慮，有時會陷入深深的自我懷疑，甚至還存在某種程度上的自閉。

幸運的是，我最終熬過了那些黑暗的時刻，更幸運的是，回首整個艱難的過程，我悟出了一個受益一生的道理——人生沒有技巧，就是篤定地熬。

那麼，在面對人生困境的時候，我們究竟該如何做，才能更加篤定地熬下去呢？為此，從專業角度，我為大家整理了五個心理處方，具體包括：

- 走出生活舒適圈——不斷鼓起挑戰困難的勇氣
- 掌控自己的情緒——優雅地面對生活中的壓力
- 接納真實的自己——成為夜空中最亮的星星
- 經營好人際關係——慢慢成長為一名溝通高手
- 明確人生的方向——照自己喜歡的方式過一生

然而，很多人在面對人生困境的時候缺乏熬下去的勇氣，總是想走捷徑。不幸的是，他們總是會被這些捷徑引入歧途，反而走了更多的冤枉路。

最近，我在知乎上看到一個熱門的提問：「我每天什麼都不想做，只想躺在床上滑手機，可又覺得自己在精神上很空虛，該怎麼辦？」其實，這種精神上的空虛，就是由於過分依賴「玩手機」這種「幸福的捷徑」所導致的。馬汀．塞利格曼在《真實的快樂》一書中曾一針見血地指出：「沒有意義的尋歡只會帶來更大的空虛、更多的虛偽，使你沮喪。當年老時才意識到自己虛度了一生。」而真正的幸福，必須在不斷地奮鬥以及追求自我實現的過程中才能得以實現。

總之，人生中的偉大和輝煌，都是慢慢熬出來的，我基於這一認知寫成了這本書。我提供的不是一份輕鬆通往幸福人生的技巧大全，而是一份精心繪製、可以幫你度過難熬歲月的暖心指南。願我們都不再畏懼人生路上的荊棘與坎坷，並且無比確信：只要堅持一路向前奔跑，天自然會亮，美好的明天必然會到來。

上篇

拉自己一把，越過人生陷阱

chapter 1

精神空虛：在輕鬆的生活中陷入憂鬱

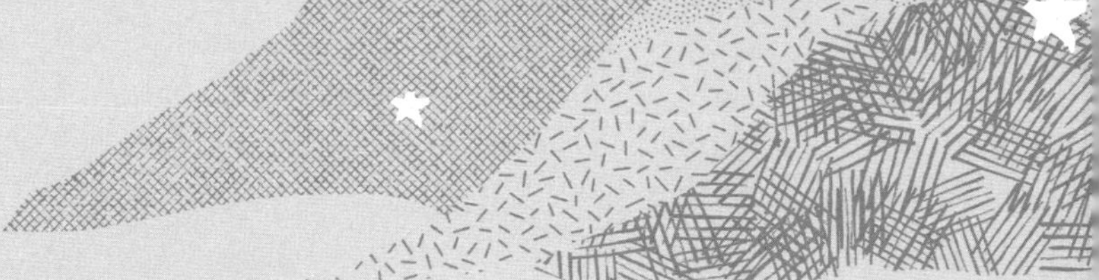

我這麼拚命努力，只是不想陷入精神憂鬱

在一集題目為《成功是一條延續的旅程》的TED（Technology、Entertainment、Design的縮寫，即技術、娛樂和設計）演講當中，演講者理查講述了自己從成功到失敗、再到成功的故事。他曾經營一家公司，為了不斷獲得事業上的成就，他一直非常努力。他不斷超越自己，盡量在各個方面都做到最好。

但是，當他獲得一定的成就之後，他心裡卻有個聲音出現了：「我已經獲得一定的成就了，現在，可以停下來好好休息了。而我所經營的事業，也已不需要再做任何改進了。」

很快，開啟輕鬆模式的理查逐漸陷入了精神上的憂鬱——即使他買了一輛昂貴的跑車去兜風，也依然阻止不了他的心情慢慢沉下去。接下來，他去看了心理醫生，被診斷為憂鬱症，醫生開了百憂解（一種抗憂鬱的藥物）給他。

他的生活漸漸墜入低谷，事業也受到了重創，公司最終只剩下他和他的合夥人兩個人。然而，幾乎一無所有的理查並不甘心，重新開啟了奮鬥模式——他重新創立了一家公司，變得更加努力。他更加勤奮地工作，持續不斷地改進公司的業務，對所做的事情充滿了熱情……

他總共花了七年的時間，重新回到了事業巔峰。而這一次，他重新創立的公司比之前的那家公司還要強大。

有一天，他從床上醒來的時候，忽然發現，自己再也不用服用抗憂鬱的藥物了。因為努力奮鬥去開創一番事業這件事情本身，讓他的生活變得更加充實，讓他的精神重新煥發了。

從理查的經歷中，我們可以得出一個結論：**拚命努力，不僅是成功的必需品，更是保持心理健康的必需品**。要想保持精神上的健康、遠離憂鬱，我們就需要持續不斷的努力，讓自己的生活變得充實起來。

記得在電視節目《楊瀾訪談錄》的其中一集裡，面對楊瀾的採訪，曾經因患憂鬱症而閉關一年的搜狐（中國一家知名入口網站）董事長兼執行長張朝陽，道出了自己的心聲：「（在之前的日子裡）我真的是什麼都有，但是我居然過得這麼痛苦……如果你足夠成功，卻沒有管理好自己，往往就更加容易讓自己陷入精神上的痛苦。」

二〇一二年，張朝陽深深地陷入了焦慮和憂鬱中。他自己對憂鬱原因的分析是——自己在成功之後，名氣越來越大，被媒體和周圍的人所追捧，導致自我膨脹。

然而，值得注意的是，二〇一二年並不是他過得最艱難的一年。在事業上，那時他正處在順風順水的階段。他在訪談中提到，一九九六年，搜狐融資的時候最為艱難，歷盡千辛萬苦才融到兩百萬元人民幣；一九九九年也很艱難，那時他剛剛融到第二筆資金，股東卻對他不信任，同時，搜狐又被新浪超越。但就是在這樣的壓力之下，他在競爭中獲勝了，並最終確立了對搜狐的領導權。

也就是說，艱難的創業階段並沒有壓垮張朝陽，在公司的穩定階段，他的心理反而出了問題。

張朝陽在訪談中反思了之前的幸福觀：「那時候的我，總是想買更大一點的飛機，或者在週末喊上朋友去巴黎喝咖啡，或者帶著一群俊男美女到三亞去打沙灘排球、燒烤、聽音樂、跳迪斯可，想做什麼就做什麼。」

但是這種隨心所欲的生活並沒有讓他變得更加幸福，反而讓他變得憂鬱了。關於憂鬱症的成因，心理學家弗拉赫曾經提出過一個著名的觀點——成功導致憂鬱。

他說：「成功可能激起悲傷感，因為任何目標的實現幾乎都包含著終結。從學校畢業對大多數人來說是一種終結，常常會帶來失落感。『完了』的感覺與『我從這裡再接著往哪裡走呢』的疑問結合起來，便會激發憂鬱以及對自我價值的反思。」

也就是說，當一個人有一個明確的目標，並且努力為之奮鬥的時候，往往不會出現心理問題。當一個人失去生活的目標，過起了輕鬆生活的時候，反倒更加容易陷入精神上的憂鬱。

無論是前面提到的理查，還是剛剛提到的張朝陽，他們彷彿都陷入了「成功導致憂鬱」的奇特現象。

追蹤我的朋友可能會發現，最近這段時間，我的訂閱號文章更新得不是很頻繁。我自己也意識到，自從第三本書《高效努力：建構出線思維，打造能一直贏的心理資本》出版之後，我好像在寫作這件事情上忽然變得鬆懈了。

一方面的原因可能是，我覺得自己已經出版三本書了，好像可以有一個光明正大的理由好好休息了。另外一方面的原因可能是，我之前的寫作風格偏向於寫自己的經歷，而經過三、四年的寫作，覺得自己有限的經歷都已經被寫得差不多了，缺乏新鮮的寫作素材了。

二〇一九年的中國國慶日，我讓自己痛痛快快地放了七天假，基本上沒什麼在看書和學習，算是給自己一個徹底的放鬆。好消息是，七天假期結束之後，我覺得自己的精力一下子變得充沛起來，再也沒有那種永遠都睡不醒的感覺了。壞消息是，我開始迷戀這種徹底放鬆自己的感覺，週末再也不想讀書和學習新知了。

我開始增加玩手機的時間，漫無目的地看各種新聞。在壓力太大的時候，雖然這種休閒方式確實有一些放鬆的效果，但時間久了，又會徒增一些浪費時間的內疚感和精神上的空虛感。

有一天，我忽然發現，這種總是想要放鬆自己的感覺，讓我變得有點喜歡逃避問題，只願意去做簡單的事情。也許，這種心態是對自己之前長時間逼迫自己拚命努力的報復性反彈，但是這種害怕挑戰複雜任務的心態，讓我開始變得鬱鬱寡歡，並且讓我慢慢失去了之前那種拚命努力後所體會到的充實感。

回顧這段經歷，我有一個很深的體會：迎難而上，才是保持心理健康的最棒方法，而逃避問題，只會讓人在心理上不停地遭受各種慢性折磨。從某種角度講，各種焦慮、空虛、失眠、恐懼，都是由喪失了迎難而上的勇氣所造成的。

史考特．派克曾經在《心靈地圖》中說：「迴避問題和逃避痛苦的傾向，是人類心理疾病的根源。」

我們經常會錯誤地認為，幸福就是盡量減少生活中的挑戰，這樣我們就可以活得舒服一點。然而，實際情況恰恰相反——**幸福其實就存在於戰勝一個又一個挑戰的過程之中。**

最近和幾個好友聊天，發現大家都活得並不容易，各有各的難處和苦衷。也許這就是生活的本真面貌——人生苦難重重。而我們只有鼓起勇氣，持續不斷地努力下去，讓生活變得更充實，才能避免陷入空虛和憂鬱。

害怕走出舒適圈，是因為內心深處藏著恐懼

在人生的某個節點，你是否曾經幻想過這種生活：你可以遠離壓力，什麼都不用做，想睡多久，就睡多久，永遠不需要付出太多努力，去過一種輕鬆自由、隨心所欲的生活。

法國有一個年輕人，他的名字叫塞巴斯蒂安。他一直有一個心願，那就是什麼都不做。並且，他在自己拿到博士學位後，還真準備把這個心願付諸實踐。

父母當然不同意塞巴斯蒂安的這個想法。但是年輕人一心想過輕鬆自由的生活，於是走出家門，以很便宜的租金和其他兩個室友共同租住在一間環境不錯的公寓裡。

但是因為塞巴斯蒂安不賺錢，所以連最基本的生活都無法得到保障，於是他就去申請了社會救助。拿到社會救助之後，他就開始了輕鬆自由的生活。而且，他把這種輕鬆自由的生活描述得特別美好：「我喜歡無聊，喜歡虛度光陰，喜歡停頓，喜歡時

間停滯的瞬間。我也喜歡等待，以及長途旅行；我喜歡事情的準備階段。對於我，夢想做一件事比實際做更好。」

後來，塞巴斯蒂安輕鬆自由的美夢被他的室友叫醒了，這個室友是一個女生，他的名字叫安娜。

他一直暗戀著塞巴斯蒂安，總是在生活中找各式各樣的機會向塞巴斯蒂安進行暗示，但是塞巴斯蒂安始終沉浸在自己的世界裡，對安娜的暗示無動於衷。

安娜終於耗盡了耐心。在一個陽光明媚的早晨，他對正在吃早餐的塞巴斯蒂安說了一段意味深長的話：「你並不快樂，塞巴斯蒂安，你內心有恐懼。你那些關於清心寡欲、悠閒度日的想法，全都是謊言。你喜歡去夢想你的生活，而非去體驗你的生活。其實你是在害怕失敗，你認為什麼都不做就不會失敗。我曾嫉妒你（過得如此輕鬆悠閒），而我現在很同情你，我希望你能走出現在的狀況，越快越好。」

安娜所說的這段話，直擊塞巴斯蒂安的內心，讓他受到了觸動和衝擊。接下來，他搬出了公寓，找了一份工作。因為他之前最喜歡睡覺，所以就去應徵了床鋪銷售員。透過這份工作，他還遇到了自己心愛的女人。後來他和這個女人結了婚，並且有了一個孩子，過上了真正幸福和心滿意足的生活。

上面的故事來自法國的一部電影《輕鬆自由》。我覺得影片中最令人印象深刻的是，女主角安娜當場揭穿了塞巴斯蒂安害怕走出舒適圈的本質——之所以害怕走出舒適圈，是因為內心深處隱藏著恐懼。

比如，現在很多人唯一的娛樂方式就是玩手機。很多學生曾向我抱怨說，他們真的很想戒掉玩手機的癮，因為玩手機浪費了他們太多寶貴的時間，但是又總是控制不住自己。

對於這些人來說，手機就是他們的舒適圈。他們害怕走出這個舒適圈，同樣是因為他們內心深處隱藏著恐懼。那麼，這個恐懼是什麼呢？

這個恐懼其實就是：他們因為害怕精神上的空虛，極力想要彌補空虛，但同時又怕麻煩，不願意花時間和精力去探索更加有意義的休閒方式，所以就只好毫無節制地玩手機。

再比如，有些人因為害怕當眾演講，所以逃避一切當眾發言的機會。我的一個朋友M雖然在企業中已經做到了主管階級，平時和朋友之間說話、辦事都很成熟，可是一旦在公眾場合發言就特別容易緊張，經常陷入大腦一片空白的狀態。

M的老闆為此還特地找他談過話。老闆告訴M：「如果你想要繼續晉升，就必須過了當眾發言這一關，否則就不能服眾。」

為此，M特地過來找我，詢問我如何克服當眾演講的心理障礙。對他來說，當眾演講就意味著要走出舒適圈。他害怕走出舒適圈，因為他內心深處隱藏著恐懼。

經過一番探討之後，我發現：M是一個特別苛求完美的人，他對自己和別人都要求很嚴格。

對於M來說，他的恐懼就是：他擔心自己當眾發言的時候會犯錯、會表現得不完美，從而無法得到別人的認可，同時，他也害怕自己無法給別人留下完美的印象。

既然我們已經明白，走出舒適圈之所以會很艱難，是因為我們內心深處藏著恐懼，那麼有哪些方法可以幫助我們更好地走出舒適圈呢？

我將走出舒適圈的方法概括為以下三個步驟。下面我就以害怕當眾演講的M為例，詳細講解一下如何透過以下三步驟走出舒適圈：

第一步：重申自己想要達到的目標

通常來說，我們之所以要選擇走出舒適圈，是因為我們想要達到某個目標。而我們重申這個想要達到的目標，就會對自己走出舒適圈產生一定的激勵效果。

就像知道為了什麼而活著的人，什麼樣的苦難都能夠忍受一樣。M的目標是謀求在公司更好的發展，提早實現晉升。重申這個目標，可以幫助M鼓起更多的勇氣走出舒適圈，去嘗試當眾演講。

第二步：明確自己真正害怕的事情

很多時候，我們對自己害怕的事情有一種模糊的理解。而這種模糊的理解，就像是一個模糊的靶子，讓我們在解決問題的時候很難命中靶心。

對於M來說，「害怕當眾演講」只是一個表面的、模糊的現象，而他真正害怕的是「在演講的時候表現得不完美，從而不被人接納」。他只有真正明確自己所害怕的事情，才有機會從根本上解決這個問題。

針對M所真正害怕的問題，我和他進行了深入的探討。一番探討之後，M發現，「當眾演講時表現得不完美」並不必然意味著「不被人接納」。因為聽眾有時候並不在乎演講者在演講時所出現的瑕疵，他們更在乎演講者是否言之有物，是否能夠為他們帶來有價值的資訊等。

一旦發現自己所真正害怕的事情並不必然會發生的時候，M對「當眾演講」這件事的恐懼程度降低了不少。

談到一個人所害怕的事情，我還想送給有演講恐懼的人兩張護身符，可以幫助他們鼓起行動的勇氣：其一，事情往往沒有我們想像的那麼糟糕；其二，我們常常會比想像中做得更好。

第三步：選擇適合自己的方式行動

在走出舒適圈的過程中，因為並不是所有的行動都會有立竿見影的效果，所以我們需要堅持不斷地行動，才能真正改變現實。這個時候，選擇適合自己的行動方式，往往能促使我們堅持得更久，同時獲得更好的效果。

在和M溝通的過程中，我發現M在私下聊天的時候，其實很會表達，常常妙語連珠。於是，我鼓勵M在演講的時候不斷去找「和朋友聊天的感覺」，因為這種演講方式最適合他。

最終，我們共同商量出的策略是：M在演講的時候，可以選擇幾位和自己有目光交流的聽眾，然後從這幾位聽眾身上去找和朋友聊天的感覺。這樣一來，M在演講時就可以很好地放鬆下來，不會那麼緊張了。

經過一番嘗試和練習之後，M鼓起了走出舒適圈的勇氣，同時明確了走出舒適圈的方法。在擁有了幾次演講成功的經歷之後，M對當眾演講這件事情，也就越來越有自信了。

「沒事就玩一下手機」是一種糟糕的娛樂方式

「當你覺得無事可做的時候，通常會選擇做什麼事來娛樂身心？」當我拿這個問題來詢問學生的時候，只有少部分學生給出的答案是運動或去圖書館等。大部分學生會直截了當地告訴我：「當然是玩手機啦。」例如，用手機玩遊戲、用手機看電影或追劇，用手機滑限時動態、瀏覽社群動態等。

每天上、下班的地鐵上，只要稍微運用一下觀察法，你就會發現：幾乎每個人都在玩手機。這個時候，如果你拿出一本書來看，就會顯得無比清新脫俗。

那麼，問題就來了：玩手機究竟是不是一種很好的休閒方式？

在過去很長的一段時間中，玩手機是我打發閒暇時間的一種主要娛樂方式。我的一個直觀理解是，一旦養成沒事玩手機的習慣之後，心就會變得浮躁起來，自己也很難像過去那樣能沉下心來閱讀一本好書了。

情況通常是，剛剛拿起一本書翻了幾頁，腦海裡就開始充斥著各式各樣的念頭，很快就會忍不住掏出手機來安撫一下焦躁的心。

更加諷刺的是，有時候，當我掏出手機準備查詢讀書過程中所產生的某個疑問的時候，自己很容易就被手機上的某一則訊息所吸引，然後在情不自禁地玩了一陣子手機之後，發現竟然忘了剛才要查的問題是什麼了。

相信我的上述體驗並不是特例。經常沉迷於玩手機的人，很容易變得心浮氣躁、失去深度思考的習慣。而且，這背後還有腦科學的依據。

腦科學相關研究發現，我們的大腦具有很強的可塑性。鑑於大腦神經的這種可塑性，我們一旦形成了長時間玩手機的習慣，那麼玩手機時大腦所採用的資訊加工方式就會繼續體現在做其他事情上面。在《網路讓我們變笨？數位科技正在改變我們的大腦、思考與閱讀行為》一書中，作者曾經寫道：「（玩手機時，我們大腦）當中用於掃描、略讀和多工處理的神經通路正在擴展和加強，而用於全神貫注地仔細閱讀和深入思考的神經通路正在弱化或消失。」

上述實證依據，完美解釋了「為什麼長時間玩手機的人，很難再有耐心翻開紙本書去閱讀」的真正原因。因為長時間玩手機的行為改造了我們大腦的神經傳導路徑，讓我們變得很難保持專注。

長時間玩手機，不僅會使我們失去深度思考的習慣，還會使大腦越來越疲憊。聽起來這像是一個悖論。很多人明明是想要透過玩手機來放鬆身心的，但是到最後卻覺得心情越來越焦慮、大腦越來越累。為什麼會這樣呢？

原來，我們玩手機會比我們閱讀書籍產生更加強烈的神經刺激。

這項結論不難理解。當我們透過網路購物的時候，或者在瀏覽網頁、滑看影片的時候，我們的欲望都在熊熊燃燒，我們需要不停地做出判斷——到底是買這樣東西還是買那樣東西？到底是點開這則誘人的新聞還是另外一則新聞？到底是看這一則影片還是下一則影片？每一次抉擇，都會消耗我們的大腦資源。當需要頻繁做出選擇的時候，我們的大腦自然就會更容易感到疲憊。

當然，對於老年人來說，玩玩手機反而會有好處。因為這可以幫助不太經常用腦的老年人啟動大腦，使思維處於敏銳的狀態。但是，年輕人則很容易在玩手機的過程中耗費掉寶貴的大腦資源。

因此，與玩手機相比，手捧一本書專心閱讀，其實更容易讓大腦得到休息和放鬆。在《網路讓我們變笨？數位科技正在改變我們的大腦、思考與閱讀行為》一書中，作者進一步指出：「深度閱讀讓我們得以過濾掉那些分散精力的刺激，保證大腦額葉平靜安寧地發揮解決問題的功能，從而使深度閱讀變成了一種深思的形式。博覽群書者擁有一個平和而非喧囂的頭腦。」

既然玩手機是一種糟糕的娛樂方式，那麼，哪種娛樂方式才能真正地幫助我們放鬆身心？

我的好兄弟楊明，最近在這方面很有心得。他告訴我，當他開始減少玩手機的時間之後，很快就能找到內心的平靜。

比如，他在坐公車的時候，發現周圍的人都在焦慮地滑著手機，很難看到一個人的表情是放鬆的。而當他抵制住玩手機的誘惑，透過公車的車窗向外看的時候，他看到了窗外落日的餘暉，看到了街道上的人群，看到了生活的種種美好，心中升起淡淡的喜悅。

放下手機，其實我們可以做很多事情來讓自己放鬆。但是無論做什麼事情，要想達到放鬆的效果，有一點必須要得到保證——我們需要全神貫注地去做一件事情。這一點恰恰是玩手機時最難保證的，因為手機裡充滿了各種誘惑，非常容易讓人分心。因為上面這個道理實在太重要了，所以我忍不住再說一遍：最好的放鬆方式，就是全神貫注地去做一件事情。

其實，所謂「冥想」，也是在宣導全神貫注地做一件事情。之前很長一段時間，我個人相當抗拒冥想這件事情。因為我覺得「坐在一個地方一動不動地深呼吸」和自己的行為方式格格不入。直到後來，我讀到越來越多有關冥想的書和研究論文，才慢慢改變了對冥想的看法。

冥想分為好多種，如呼吸冥想、物件聚集冥想、行禪等。無論哪種冥想，其核心理念都只有一個，就是全神貫注地做一件事情。所謂呼吸冥想，不就是指全神貫注地去呼吸嗎？所謂物件聚集冥想，不就是指全神貫注地去觀察一件物品嗎？所謂行禪，不就是指全神貫注地去走路嗎？

沿著這個思路發散下去，對於「做什麼事情才能真正娛樂身心」這個問題的答案就會越來越清晰，同時我們也會擁有更多自己專屬的答案。

只要我們能放下手機，避免自己不停地分心，無論是全神貫注地去打一場籃球，還是全神貫注地閱讀一本書，或者是全神貫注地去烹飪一桌好菜，甚至是全神貫注地去看一場電影、欣賞一首樂曲，就都是很好的放鬆方式。

當壓力特別大的時候，我喜歡到我最愛的小餐館，點上一盤番茄炒蛋蓋澆飯，然後用我的全部存在去和這盤番茄炒蛋蓋澆飯相遇。我會心無雜念、全身心投入地去品味米飯的味道、番茄的味道、雞蛋的味道。吃完這頓飯之後，我就會覺得特別紓解壓力和療癒。

我最好的朋友，在別人中午滑社群動態的時候，喜歡一個人跑到教職員休息室去寫毛筆字，只要全神貫注地寫上一個小時，就會睡意全無、精神煥發。

正向心理學中有一個專業術語，叫作「心流體驗」，指的是一種只要全神貫注地投入到當下正在做的事情中，就有可能體會到的忘我的境界和絕佳的心理狀態。而我們想要產生「心流體驗」的一個重要前提，就是全神貫注地去做眼前的這件事情。

所以，大家別再迷戀手機上各種膚淺的快樂和虛假的誘惑了，全神貫注地去擁抱生活中其他美好的娛樂方式吧。

空虛是一種病，得治

早上六點，小麗比鬧鐘預定的時間提前醒來。他躺在床上，覺得有點無聊。這時，他發現床頭有兩樣東西可以選擇：幾個月前買的一本有關溝通心理學的書，以及他的手機。

他思考了大約一秒鐘之後，決定先拿起手機看看有什麼新鮮事。他先滑了一下社群動態，接著又看了一下新聞，最後沉浸在各種有趣的短片中。這些短片中，總會有幾個逗得小麗忍不住哈哈大笑。

不知不覺，兩個小時過去了，小麗忽然感覺到一股強烈的空虛感湧上心頭。在兩個小時裡，他好像一直被各種誘惑牽著鼻子走，似乎沒做任何有價值的事情。

現在，他有點後悔自己為什麼不在兩個小時之前先選擇看書了，否則他就不會像現在這樣感覺如此空虛了。其實，他對這種空虛感並不陌生——每次長時間打遊戲之後、每次和好友通宵唱歌之後，他都會有這種空虛的感覺。

他也曾暗暗下定決心去好好利用時間，多去做點有意義的事情，比如，堅持去健身、游泳，讀自己喜歡的書，這些活動通常會讓他感到十分充實。但是，不知為什麼，每次他都是那麼容易地就屈服於來自手機或者網路遊戲的誘惑，隨之而來的是一種難以言說的精神上的空虛。

雖然我們都知道，靜下心來看一本好書遠比漫無目的地滑社群動態、長時間玩網路遊戲更有價值，但是為什麼很多人還是會像小麗一樣，控制不住自己，長時間地玩手機，進而陷入精神上的空虛呢？

這是因為，人的本性就是好逸惡勞的。與看書相比，玩手機這件事情是如此簡單容易——不需要任何主觀的努力，就可以讓一個人迅速得到快樂。而看書這件事則要一個人付出一定的時間和努力之後，才會得到一定的樂趣。

然而，「玩手機所能得到的快樂」與「看書所能得到的快樂」完全不同。玩手機所能得到的快樂是稍縱即逝的，而看書所能得到的快樂往往是歷久彌新的。

透過更為深入的分析就可以知道，精神容易感到空虛的人，內心其實遵循著一套享樂主義的幸福觀。這套幸福觀的核心理念就是——「努力就等於痛苦」。在這種思維模式的作用下，人們只想過得舒適，同時排斥任何的努力。

然而，這樣做的最後結局，就如同網路上一句流行語所說的那樣：「那些最初讓你感到很爽的事，最終也會給你帶來無盡的痛苦。」換言之，**痴迷於簡單而又快樂的事情，往往會把人引向精神上的空虛**。

那麼，對於像小麗這樣的人來說，要怎樣做才能擺脫精神上的空虛呢？下面我將採用由表及裡的論述方式，說明擺脫空虛的三層修練。

第一層修練：為輕鬆的生活加點挑戰

現在，請回想一下，你在做哪些事情的時候存在感最強？

對於我來說，當我經過一番冥思苦想，終於寫完一篇令自己滿意的文章的時候；當我耐住性子運用心理學知識幫學生答疑解惑，讓學生的眉頭最終得到舒展的時候；當我花了很長時間去準備一場心理學講座，最後得到聽眾肯定的掌聲的時候……這些時刻，都是我存在感最強的時刻。

而這些時刻，往往也是充滿挑戰的時刻。可以說，**只有在迎接挑戰的過程中，每個人才會全力以赴**。這個時候，每個人的潛力、自我獨特性才有機會得到最大的彰顯，從而為每個人帶來很強的存在感。

反過來說，「痴迷於簡單的快樂」之所以會把人引向精神的空虛，是因為在輕鬆的生活中，我們不需要付出任何努力。這樣一來，人的潛能就得不到機會去發揮，因此人就很容易失去存在感。

第二層修練：設定一個身心和諧的目標

有時候，人們之所以會逃避挑戰、總是想停留在他們的舒適圈，是因為他們的生活缺少一個明確的奮鬥目標。

反之，一個人一旦有了明確的奮鬥目標，就很容易鼓起戰勝挑戰的勇氣。正如尼采所說：「如果一個人知道為了什麼而活，就什麼樣的苦難都能夠忍受。」

這裡需要注意的是，我們不是隨隨便便設定一個目標，就可以幫助自己鼓起戰勝挑戰的勇氣。**我們真正需要的是，設定一個身心和諧的目標**。

所謂身心和諧的目標，是指我們所設定的目標要符合自己的真正興趣和價值觀。也就是說，是我們發自內心想要去追求和實現的目標，而不是外界強加給我們的。

例如，我的一個學生，剛上大學的時候總是無所事事，經常抱怨校園生活枯燥無聊，於是他浪費很多時間去打網路遊戲。就讀國際商務科系的他，雖然也知道學好英語的重要性，但總是無法堅持去學。

後來，受一位學長的影響，他有了出國留學的打算。因為他有著一顆好奇心，總是渴望去了解外面的世界。自從有了出國留學這個明確的奮鬥目標之後，他的人生好像突然被啟動了一樣：他每天早出晚歸地去圖書館念英語，下課的時候還經常纏著外籍教授請教問題。從那以後，他覺得自己每天的生活都過得非常充實，最終高分通過了雅思考試，實現了自己的留學夢。

第三層修練：勇於活出真實的自己

設定身心和諧的目標有一個前提，就是要勇於活出真實的自己。一個不敢活出真實自己的人，很容易設立一些違背內心真正意願的目標，最終依然會感到精神空虛。

下面我們來舉個例子。王先生是一個成就動機強烈的人，但是為了迎合家人的期待，最終違背內心意願去考了公務員。考上公務員之後，他經常抱怨做什麼事情都很沒意思。尤其在忙完手上的工作之後，他經常會感到精神很空虛——就是那種「我不是我」的感覺。

而王先生真正樂意去做的事，不是在穩定的體制內待著，而是在商海中叱吒風雲。後來，他鼓起十二分的勇氣辭了職，不顧家人的強烈反對，去了一家私人企業做銷售。剛開始那幾年，雖然他做得特別辛苦，但是他覺得精神上很充實。後來，他用了七、八年的時間，成了這家企業的高階管理者。這個時候，無論是在收入方面，還是在個人生活滿意度方面，都比他之前在體制內工作的時候提升了不少。

與「活出真實的自己」相對的是，有的人為了迎合他人的期待，不得不以一個「假我」生活在世界上。比方說，一個有熱情的人，硬是要謹小慎微地活著；一個有創造力的人，硬是要按部就班地活著等等。然而，如果一個人離「真我」太遠，總是以「假我」示人，時間久了，無論是否努力地去做事情，只要空閒下來，就都很容易感受到精神上的空虛。

總而言之，要想走出精神上的空虛，首先我們需要為輕鬆的生活加點挑戰。其次，為了鼓起迎接挑戰的勇氣，我們需要為自己設定一些身心和諧的目標。最後，設定身心和諧的目標有一個重要前提，那就是我們要勇於活出真實的自己。

在自我實現的過程中，願我們都能夠消除精神上的空虛。

chapter 2

情緒失控：
特別容易感到精神焦慮

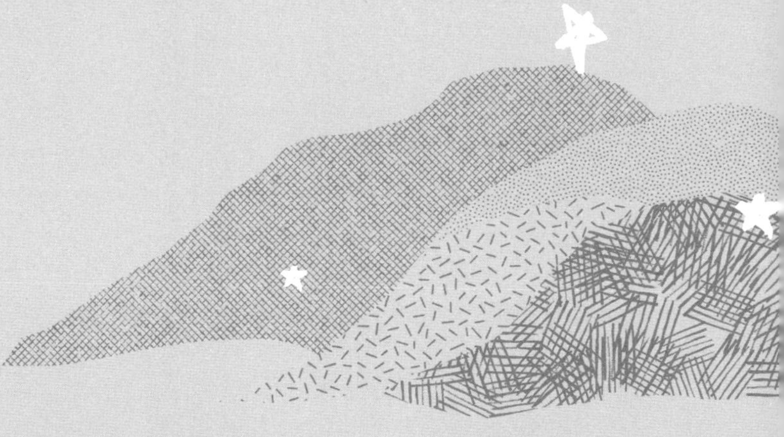

沒錯，我就是那個容易焦慮的人

我是一個特別容易焦慮的人。我的神經總是緊綳著，就像大草原上一頭正在覓食的小鹿，時刻警惕著周圍環境的變化。我會時刻防範任何潛在的威脅和攻擊，很難做到完全的放鬆。

而焦慮對於我的意義，就像是我的一層隱形保護衣，讓我時刻保持警惕，避免讓自己受傷。中醫說，思慮過度傷脾。由於很容易焦慮、想得太多，我的脾胃一直不怎麼好。雖然吃得很多，但是我一直很難長肉。十幾年來，身高一百八十三公分的我，體重一直保持在六十五公斤到七十公斤。

也許我的潛意識遵循著這樣一個邏輯：為了讓自己時刻保持輕盈的狀態，從而以最快的速度逃避威脅，我的身體不允許自己多長肉，哪怕一公斤。

我想在這裡對「焦慮」進行一個深度的剖析，讓大家看清它的真實面目，從而更好地戰勝焦慮，更準確地說，學會與焦慮共存。

美國著名的存在主義心理治療代表人物羅洛．梅在《焦慮的意義》一書中，為焦慮下的定義是：「焦慮是當人感到自己某種重要的價值受到威脅時，產生的擴散性不安。」這裡所說的重要的價值，主要是指別人的認可與愛。說得具體一點就是，一個容易感到焦慮的人，往往害怕無法得到別人的認可與愛。

以我自己為例，為了得到別人的認可，我會拚命地讀書和學習，拚命地在社群動態展示自己所獲得的任何一點小的成就；而為了得到別人的愛，我會特別考慮別人的感受，會表現得過分客氣和禮貌。

就像《焦慮的意義》中所提到的一個來訪者南西一樣，他是一位重度焦慮症患者。他對每個人都很好，很少和人發生衝突。當他遲到的時候，他會不停地向別人道歉；當有人幫助他的時候，他會不停地向別人說「謝謝」。他很少對別人發脾氣，即使他有充分的理由。

產生這些行為的原因，其實就是來訪者南西害怕無法得到別人的認可與愛。

如果我們對一個容易感到焦慮的人的成長經歷進行一番分析，就不難發現，這個人往往在成長的過程中因缺少父母的充分關愛而變得缺乏安全感。

一個人如果在童年時期無法得到父母充分的關愛，他長大後就很容易對「獲得別人的關愛和認可」這件事缺乏信心，在處理人際關係或者做其他事情的過程中，也就很容易感到焦慮。

我的一個來訪者，他是一名大學生，總是覺得時間不夠用，很容易因為時間匱乏而感到焦慮。很多時候，他都要忙到凌晨兩點才肯睡覺。開始的時候，我以為這只是一個簡單的成長心理問題，只須教給他一些時間管理的方法就可以了，後來我才發現，事情遠遠沒有這麼簡單。

問題的關鍵在於，他認為所有的事情都很重要，哪一件事情都不想放棄。無論是老師安排的課後作業，還是社團負責人讓他寫的活動企畫書，又或者是他替自己制訂的每天要背二十個英文單字的計畫，每一件事情他都想做到盡善盡美。

他不想讓老師失望，不想讓社團負責人失望，不想讓自己失望，換言之，他想得到所有人的認可。

我問他：「你和父母的關係怎麼樣？」他說：「我和父母的關係很好。」我覺得有點不符合常理，於是進一步追問。後來，他說出了實情。

原來，父母在他小的時候就把他放在外婆家寄養，一直到他上國中的時候才重新把他接到身邊。因為長期缺少父母充分的關愛，所以他變得極度缺乏安全感。由於缺乏安全感，所以他在「得到別人認可」這件事上就顯得信心不足，於是凡事都想做到盡善盡美，如果做不到盡善盡美，就很容易陷入焦慮。

其實，我和這位來訪者有著相似的成長經歷，因此同樣是一個很容易感到焦慮的人。好在我在完整體系下學習了心理學，同時一直堅持不斷地進行自我分析、不斷地用學到的心理學知識去充實自己。

我知道，像我這種缺乏安全感的人，生命的底色就是灰色的。如果我對自己放任自流，放棄去改變自己的非理性思維，放棄去採取更加積極的行動，那麼我就很容易產生心理問題，甚至可能飽受心理疾病的困擾。

例如，在讀研究所的時候，我曾經因為對未來的焦慮而失眠整整一年。在剛剛進入職場的時候，我因為擔心得不到別人的認可而經常生活在苦悶之中。但這些痛苦的經歷告訴我：**不逃避問題，積極地去改變自己，是唯一的自我救贖之路**。

在長期和焦慮「貼身肉搏」的過程中，我總結出了以下三個經驗和大家分享。

一、學會區分健康與不健康的焦慮

在《控制焦慮》（*How to Control Your Anxiety Before It Controls You*）一書中，美國知名心理學家艾里斯將焦慮分成兩種，一種是健康的焦慮，另一種是不健康的焦慮。

健康的焦慮幾乎都是因為現實或理性的恐懼而產生；而不健康的焦慮，來自不切實際的想像。如果你因為明天要參加一個重要的考試而感到有些焦慮，就是健康的焦慮；如果你認為考試考不好，整個人生就完蛋了，就是不健康的焦慮。

如果你經常會產生這種不健康的焦慮，強烈推薦你去讀讀艾里斯的一系列著作（例如《理性情緒》〔*How to Stubbornly Refuse to Make Yourself Miserable About Anything: Yes, Anything*〕），因為他的書是專門講如何矯正非理性思維的。

二、看到焦慮背後所隱藏的成長意義

我們最好永遠也不要幻想著可以把焦慮徹底踢出我們的生活。一個更加理性的做法是，嘗試和焦慮做朋友。為什麼這麼說呢？因為正是有焦慮的存在，我們才能體會到成長的喜悅，以及戰勝困難時心曠神怡的感覺。

一個身處多種壓力下的成年人，比一個無憂無慮的青少年更加容易感到焦慮，這並不是因為成年人的心理素質越來越差，而是因為成年人的生活壓力越來越大、眼界越變越寬，接觸到的未知也越來越多，焦慮也就隨之而來。

想想最近自己感到焦慮的事情，無論是工作上的一些挑戰，還是撰寫博士論文，或者是出版下一本書的前期籌備，哪一件事情都不容易。但是，這些誘發焦慮情緒的事情，都是有助於個人成長的。

我相信，如果戰勝了這些焦慮，自己就可以變得更加強大。

三、善於用計畫和行動去化解焦慮

前兩天，我打電話向老媽說，以前自己平均每天睡七個小時都覺得狀態還可以，現在冬天來了，每天睡八個小時都覺得還不夠。老媽看問題的角度相當特別，他告訴我說：「能多睡是一件好事。而且，過完年你就三十二歲了，上了年紀的人就是覺多。」聽完我就忍不住笑了起來。

雖然我現在的生活和工作都很繁忙，讓我感到焦慮的事情有很多，但是我現在能吃能睡，很少像以前那樣容易失眠了。這也許是因為家庭帶來的溫暖、人生奮鬥的大方向已經確定帶來的安心，讓我不再有什麼深層次的焦慮了。

但我覺得還有一點非常重要，那就是：無論遇到什麼讓人感到焦慮的事情，我都懂得用明確的計畫和具體的行動去化解焦慮。我一直堅持做週計畫和日計畫，無論碰到什麼樣的事情，我都會嘗試把這件事情細化或分解，然後列入待辦清單，接下來，我就用具體的行動去化解焦慮。這個習慣堅持久了，就會形成一種對生活的掌控感。

畢竟，**如果你不去主動掌控焦慮，你就會被焦慮所掌控**。

不要把時間浪費在毫無意義的擔憂上

我的一個朋友阿藍最近想要買車，但是糾結了半年都沒有下手。他知道我是一個汽車迷，於是過來問我的意見。

他原本看好了A品牌的一款車，但是網路上說這款車有斷軸的風險；後來，他又看好了B品牌的一款車，都準備下手了，結果在某論壇中看到有消息說，這款車發生高速碰撞事件時容易產生自燃的危險；再後來，他又看好了C品牌的一款車，這款車沒有斷軸、自燃的風險，但是這款車的價格卻超出了他的預算。

我發現，阿藍相當在乎車的安全性，於是，我向他推薦了D品牌的一款車。這款車的安全性很高，也沒有超出他的預算。

沒想到阿藍卻說道，D品牌這款車確實不錯，不過聽說這款車的零件很貴，萬一不小心和別的車發生碰撞，維修需要花不少錢。

聽到這裡，我終於明白為什麼阿藍這麼糾結了。因為他還沒買車，就已經把最壞的情況都考慮預想了一遍，然後把小機率事件（斷軸、自燃等）當成是大機率事件來考慮。所以他變得畏首畏尾，遲遲無法做出決定。

從心理學的角度來分析，我的這位朋友其實具有一種典型的非理性思維方式——災難化思維。

所謂災難化思維，是指有些人即將做某件事情的時候，很容易設想到最糟糕的結果。並且，這一類人還會高估最糟糕結果發生的可能性，從而使自己處於一種無力應對災難的恐懼當中。

其實，災難化思維和一種心理防禦機制有關。這種心理防禦機制就是，無論做什麼事情，都先想到最壞的後果，然後在內心深處嘗試去接受它。這樣一來，即使最壞的情況發生了，內心也會有所準備。

然而，這種心理防禦機制也有失效的時候。例如，最壞的後果是無法接受的情況。比如，想要買車的阿藍，他會設想，萬一買的車在高速公路上斷軸怎麼辦，顯然他是無法接受這個後果的。

那麼，我們到底該怎樣破解這種災難化的思維呢？答案是，**用理性的思維挑戰非理性的思維**，不斷告訴自己：小機率事件幾乎是不可能發生的。

想想看，我們只要開車，就會有發生車禍的風險，只要坐飛機，就有墜機的風險，而這些小機率事件幾乎是不可能發生的。正是因為接受了這個前提假設，所以我們才會堅持開車上班、坐飛機出去旅行，而不是因為懼怕小機率事件的發生而整日不敢出門。

每當我為一些事情感到擔憂時，就會想起卡內基在《如何停止憂慮開創人生》中的一句金玉良言：「你所擔憂的事情，百分之九十九的部分都是不可能發生的。」

既然我們所擔憂的事情中百分之九十九的部分都是不可能發生的，那麼就不要把時間浪費在毫無意義的擔憂上。

我的朋友阿藍，猶豫了半年都沒有下手買車。而我的另外一位朋友彼得，最近花了五萬元人民幣買了一輛二手車。在暑假的兩個月時間內，彼得帶著老婆遊歷了大半個中國，新疆、西藏都逛了一遍。無論是在社交網路平臺，還是在自己的腦海深處，彼得都留下了特別多美好的回憶。

如果能夠把浪費在擔憂上面的時間，花在做一些具體的事情上面，那麼我們的人生一定可以過得更加精彩。反之，如果我們把一生中大多數的時間都用在了擔憂各種事情上，那麼回味人生的時候，我們只會滿心遺憾。

換個角度說，所有的事情，都可以分為兩類，一類是我們自己可以掌控的事情，另一類是我們自己無法掌控的事情。

而那些小機率的事件，往往是我們無法掌控的。**對於無法掌控的事情，我們就要學會放棄控制**。而很多心理問題的根源，都在於一個人過分執著於去改變那些無法掌控的事情。

其實，如果小機率事件真的發生，我們唯一能做的就是：坦然接受，然後再想辦法積極應對。只有懷有這種心態，我們才會有勇氣放下包袱。

不把時間浪費在毫無意義的擔憂上，就意味著我們要成為一個行動派。真正的行動派，會盡量減少毫無意義的擔憂，把更多的時間用在改變不完美的現實生活上。

環顧四周，我們很容易發現，那些真正厲害的人，並不一定是頭腦最聰明的人，卻一定是行動力最強的人。這個世界，永遠是行動派的天下。

凱文是我的一個學長，現在在中國國內一家知名的公司擔任高階主管。當年讀書的時候，無論是學習成績，還是綜合成果，他都不算特別厲害。但是，他有一個特別強的能力——行動力。

大學剛畢業的時候，凱文和五、六個同班同學一起去同一家公司面試，結果只有他一個人在面試時被拒絕了。

沒想到，第二天他厚著臉皮再次去了那家公司，跟人事主管說，能不能再給他一次機會。人事主管冷冰冰地說，公司徵才有固定的流程，不會隨隨便便就聘一個人。但是凱文並不氣餒，第三天接著去公司央求人事主管，希望主管能夠給他一次表現的機會。他說：「哪怕從掃地開始做起，我都願意做。」

這一次，人事主管被他打動了，破例給了他一次實習機會。

實習結束後，只有兩個人最終被這家知名的公司留用，凱文就是其中之一。並且，他憑藉著自己的行動力，用了五年時間就做到了公司高階主管的位置。

後來學校邀請凱文對學弟學妹做求職經驗分享。凱文開口說了一句話，讓所有人都很驚訝。直到現在，我對他的回答依然印象很深刻。他說：「找工作的祕訣就是『不要臉』。」

他所說的「不要臉」，其實就是指要勇於克服內心的恐懼，不要把時間浪費在毫無意義的擔憂上。每個人都要做一個行動派，用果敢的行動為自己創造更好的人生。

你是思維反芻的受害者嗎？

我的一個學生小M，最近非常焦慮。他一直有個理想，就是考上一所知名大學的研究所。因為要跨科系報考，所以他提前做了很多準備工作，比如，按照往年的招生簡章提前開始看相應的參考書；再比如，在暑假參加了這所大學舉辦的學術夏令營，並拿到了「優秀學員」的稱號。這一切，都讓小M對未來充滿信心。

可是，等到這所大學公布最新招生簡章的時候，小M卻傻了眼。原來，這所大學的招生簡章較往年做了很大的調整——考試內容變化很大，考試的參考書目也換了好幾種。這種情況讓小M慌了手腳。畢竟他已經按照去年的招生簡章提前複習了很長時間，原本以為這種提前的努力會變成一種競爭優勢，沒想到要重新花時間去看新的參考書。這些新的變化打了小M一個措手不及，讓他陷入一種強烈的焦慮情緒當中。

他開始變得糾結起來：如果堅持報考這所學校，小M覺得自己的勝算將會大打折扣。因為這所學校忽然增加了好幾種需要複習的參考書，加上他是跨科系報考的學生，之前沒有太多相關專業知識的累積，所以小M覺得目前的複習時間完全不夠用。如果放棄報考，趁早開始準備找工作，小M又不是十分甘心，捨不得自己之前的投入和付出。

小M不知道該如何做出選擇，大腦裡不停地權衡著各種利弊，並且因此陷入強烈的焦慮情緒中不能自拔。「老師，希望你能指點一下，我現在想要學習又讀不進去，想要做其他事又沒動力，反正心態非常不好，感覺非常焦躁。我覺得自己快要被焦慮吞沒了，老師有什麼幫我宣洩情緒的辦法嗎？」小M向我求助說。

不知你是否有過和小M類似的情緒體驗，當你處於一種壓力情境的時候，會在頭腦裡反反覆覆地去考慮同樣一件事情嗎？更加糟糕的是，雖然你在很努力地想要把一件事情給想出一個結果，但是這種反反覆覆的考慮並沒有為這件事情帶來任何實質性的進展，同時，這種一遍又一遍的思考和糾結還會把自己的心情搞得越來越糟糕。在心理學上，心理學家把這種反反覆覆去想一件事情而更加感到焦慮的狀態稱為「思維反芻」。

怎麼樣？這個比喻是不是很形象？「反芻」原指一類動物進食後的消化方式。像牛、羊、鹿這一類動物，牠們會在進食一段時間之後，將半消化的食物返回到嘴裡再次進行咀嚼。一旦人類的大腦開啟了「思維反芻」模式，就會反反覆覆去思考同樣一件事情，根本停不下來。

從進化心理學的角度來說，「思維反芻」的產生是由於人類過於敏感的生存本能發揮了不必要的作用。對於原始人來說，害怕的可能是像獅子、老虎這樣的猛獸，一旦有危險信號，哪怕只是一點點的風吹草動，他們都會馬上提高警惕，以便及時做出反應。

然而，對於現代人來說，身邊早已沒有什麼猛獸來威脅我們的人身安全了，但是我們的生存本能，依然很容易被一些壓力情境頻繁激發。例如，擔心自己研究所考試失利、擔心自己會被老闆「炒魷魚」、擔心夫妻的感情破裂、擔心孩子在學校被人欺負等等。然而，生存本能被頻繁地激發，只會導致焦慮情緒的蔓延，反而不利於我們解決問題。

這個時候，我們就需要大腦中更為高階的部分——理性的介入，來幫助我們更好地從「思維反芻」所帶來的焦慮情緒當中走出來。

一、識別出自己正在「思維反芻」

認知到問題，是解決問題的第一步。我們想要擺脫「思維反芻」的模式，就要在自己反反覆覆思考一件事情停不下來的時候，意識到已經陷入了「思維反芻」模式。

這時要記得提醒自己：這種反反覆覆的思考，無益於事情的解決。這樣無休止地思考下去，只會讓自己陷入一個可怕的惡性循環——開始的時候，是為了某件具體的事情感到焦慮，發展到後來，就會為焦慮本身感到焦慮。

對於小M來說，他一旦開始陷入左思右想的焦慮情緒中，如果能夠馬上識別出自己正在「反芻」，就可以在權衡利弊的基礎上選擇最佳的行動方式來解決問題。

二、鼓起直接面對問題的勇氣

焦慮的本質是對潛在威脅的恐懼。如果我們對潛在威脅只有一個模糊的認知，那麼這種潛在威脅的不確定性就會讓我們的焦慮情緒不斷膨脹。反之，如果我們能夠鼓起勇氣直接面對問題，認真探尋隱藏在焦慮背後的究竟是哪些我們所害怕的東西，而不是停留在問題的表面胡思亂想，那麼，**隨著潛在威脅的慢慢清晰，我們的焦慮情緒就會慢慢消失**。

對於小M來說，他之所以會對「研究所招生簡章發生了變化」一事如此焦慮，是因為他對「考上研究所」的目標賦予了太多的期待。原來，小M想要在拿到研究所學位之後，去大學當一名學生輔導員。經過一番探尋之後，小M自己得出一個結論，其實他真正喜歡的是待在學校裡面的感覺，無論是大學還是中小學。也就是說，即使考不上研究所，對於他來說，也不是世界末日，因為他可以憑藉大學學歷選擇去國高中或小學做老師，這也是他願意接受的結果。

與「鼓起勇氣直接面對問題」相對的一面，就是逃避問題。例如，當自己感到焦慮的時候，選擇採用酗酒、暴飲暴食等不良方式去化解焦慮情緒，結果「借酒消愁愁更愁」。這些逃避問題的行為就好比在奉行「鴕鳥政策」，只是把自己的頭埋在了沙子裡，而困擾自己的問題還存在著。只要一有機會，焦慮情緒就會實施瘋狂反撲。

三、採用具體的行動去化解焦慮

無論我們對一個問題思考得多麼深入，無論我們把一個問題想了多少遍，只要我們不去採取行動，客觀現實就不會有任何一丁點的改變。如果我們想要真正走出「思維反芻」的模式，或者真正化解焦慮情緒，就必須依靠一步一個腳印地行動。

當我們深陷焦慮情緒不能自拔的時候，應該問自己一個問題：「此時此刻，我能夠做些什麼來化解焦慮？」要知道，在面對那些無法逃避的問題的時候，**行動往往是化解焦慮的最好方法**。

也許你正因為自己無法找到一份完美的職業而焦慮，但是你可以報名參加一個培訓課程，或選擇多考一張證書，為將來的跳槽儲備力量；也許你正為自己無法擁有幸福的婚姻而焦慮，但是你可以拾起一本心理學的書來讀，不斷充實自己，加深對自己和他人的理解，讓自己變得更加成熟穩重、更具人格魅力。

無論如何，**再大的目標也要透過微小的行動去逐步實現**，我們只要鼓起勇氣多走一步，就會離最終的目標更近一步。

面對一個複雜問題的時候，行動的第一步，往往就是為自己制訂一個具體、明確的行動計畫，這樣做能讓焦慮情緒有很大程度的緩解。

回到小M的案例中，我給小M的建議是先制訂一個行動計畫。後來，小M聽從了我的建議，他下定決心繼續考研究所，然後制訂了一個非常詳細的複習計畫。

小M告訴我，當他制訂好計畫之後，心裡感覺踏實多了，接下來就是按照計畫一步一個腳印地去走。看著自己的行動計畫，他覺得自己的焦慮情緒有了較大的緩解。

別讓非理性信念把你搞得鬱鬱寡歡

昨天晚上，我拖著疲憊的身軀乘坐地鐵回家，回家路上覺得心亂如麻，因為心頭積壓了很多事情等待著我去完成。同時我又感到身心疲憊，什麼事情都不想去做。

我覺察到自己體內累積了很多的負面情緒，於是我想安慰一下自己。這時，我想到了艾里斯所創立的理性情緒行為療法——REBT（Rational Emotive Behavior Therapy），這是認知行為療法的重要派別之一。艾里斯在接受採訪的時候，曾經用這樣一段話來介紹REBT：「這種療法認為，人們並非被不利的事情搞得心煩意亂，而是被他們對這些事情的看法和觀念搞得心煩意亂。而理性情緒行為治療的方法，簡單來說，就是讓來訪者意識到自己的非理性的思維模式，並與之辯論，從而讓其做到無條件的自我接納。」

也就是說，導致我心亂如麻的，並不是積壓在心頭的各種事情，而是我對這些事情的看法。那麼，我對這些事情的看法存在哪些問題呢？

我反思了一下，發現自己的非理性信念主要包括：我希望這些積壓的事情盡快做完，如果我無法把這些事情做得很好，我就會覺得自己的能力存在問題；同時，我還擔心，如果我無法把這些事情順利做好，那麼將會有災難性的後果發生。

我的這三類想法，其實恰巧代表了REBT當中所提到的三種典型的非理性信念：絕對化要求、過分概括化、糟糕至極。

下面，我就對這三種典型的非理性信念進行解析，並且提出相關的改進建議。

我們透過一些具體的例子來看看，這些非理性信念是如何讓我們陷入鬱鬱寡歡的心境當中的。

一、絕對化要求

絕對化要求常常和「應該」、「必須」、「一定要」這些詞語緊密地連結在一起。例如，我自己之所以經常會感覺壓力很大，往往是因為我要求自己必須一週發表兩到三篇訂閱號文章，如果沒有辦法完成，我就會對自己很失望。

我的一個學生曾經跟我說，他必須拿到優秀學生獎學金。當我問他為什麼的時候，他告訴我：「如果拿不到優秀學生獎學金，我就覺得自己很失敗。」

二、過分概括化

這種非理性信念是指以某一件事或某幾件事的結果來評價整個人。例如，如果沒有辦法在短時間內把很多事情都做好，我就會懷疑自己的能力有問題。

我之前讀研究所的時候，一直認為，如果我拿不到英語高級口譯證書，就說明我的英語程度很差。還有很多學生曾經告訴我，如果考不上研究所，就會覺得自己沒有什麼前途了。其實，以上想法都屬於過分概括化的非理性信念。

三、糟糕至極

這是一種認為一件不好的事情發生將是非常可怕的、非常糟糕的，甚至是一場災難的想法。有人會在失眠之後告訴自己：完了，明天什麼事情都做不了了。其實，一個晚上睡不著覺真的沒有什麼大不了。要知道，大學入學考試前的那一天晚上，我一夜未睡，第二天還是正常發揮，後來還是考上了大學。

曾經有一名來訪者告訴我，老闆的一個異樣的眼神就會讓他覺得大難臨頭。有時候，主管的一句負面評價，還會讓他聯想到很快就會被公司辭退。這些非理性信念，都可以被歸到「糟糕至極」中。

前文提到，REBT的方法其實很簡單，就是讓來訪者意識到他的非理性思維模式並與之辯論，從而讓其達到「無條件地自我接納」之目的。具體來說，主要包括以下三個方法：

一、質疑想法的合理性

這其實是最為核心的一個方法和步驟。當你產生非理性想法的時候，你就需要像一位睿智的辯護律師那樣，大膽、縝密地去質疑這些非理性想法的合理性。

你需要認真考察這些非理性想法是否忠於現實、是否符合邏輯，能否被證實或證偽。比如，那個擔心自己做錯一點事情就會被公司開除的女孩，他所持有的此類信念就是經不起推敲的。如果員工做錯一點事就會被公司辭退，那麼這個公司就剩不下幾個人了。畢竟人非聖賢，孰能無過？

再比如，那個覺得如果自己拿不到優秀學生獎學金就很失敗的女孩，他所產生的這個想法也是不符合邏輯的。從來沒有人定義過，只有拿到優秀學生獎學金的學生才是成功的學生。即使拿不到優秀學生獎學金，一個人也還有很多其他的成功方式。例如，考取一個感興趣的專業資格證書是一種成功，找到一份自己真正感興趣的工作也是一種成功。

二、尋找替代性選擇

所謂「尋找替代性選擇」，是指思考或想像其他可能的解釋、其他可行的行事方式，或者其他可能的解決問題的方法，並且採取行為做出改變。

比如，之前我曾告訴自己，如果拿不到英語高級口譯證書，就說明我的英語程度很差，其實這兩者之間也沒有什麼必然關係。即使拿不到英語高級口譯證書，我也可以透過考取商務英語高級證書，或者把多益成績考到八百分以上，或者練出一口流利的英語口語等來證明自己的英語程度。

再比如，之前我曾經強迫自己一週至少要發兩到三篇的訂閱號文章，這個要求讓我背負了很大的壓力。即使在去年過年的那一天，我都在堅持寫作。其實那時從心理上我已經開始變得有些排斥寫作了，因為寫作讓我錯過了太多陪伴家人的時光。

為什麼我非要一週寫兩篇以上的文章才行呢？如果忙的話就寫一篇文章不行嗎？我覺得也是可以的啊。因為很多不必要的壓力都是自己給自己的，所以當感到壓力大的時候，自己要學會尋找一些替代性的選擇。

三、去災難化

很多人一碰到壞事情，馬上就會產生一種大難臨頭的糟糕預感。這些其實都是災難化的想法。

之前提到的那個女孩，整天活得戰戰兢兢。只要主管給他一句負面評價，他就會覺得大難將要臨頭，這就是一種典型的災難化思維。在現實中，這種最糟糕的結果其實很少會發生。

我曾經在一本書中讀到過一個「去災難化」的具體方法。當你遇到不開心事情的時候，問自己三個問題：

第一，最壞的結果是什麼？

第二，最好的結果是什麼？

第三，最可能的結果是什麼？

透過回答這三個問題，我們可以讓自己更加客觀地看待一件事情，而不至於陷入災難化的非理性思維當中。

我希望上述三個方法可以幫助你更好地緩解負面情緒。

行動，是化解焦慮的絕佳方式

記得在二〇一五年的時候，我和其他三位老師被學校公派去美國考察。經過二十多個小時的行程，一直到晚上十二點左右，我們才到達下榻的酒店。

在酒店櫃檯辦入住手續的時候我們才知道，美國方面合作的學校為我們四位老師（三男一女）預訂的是兩個標準房（每個房間有兩張床）。這意味著我們當中的那位女老師可以一個人住在一個擁有兩張床的標準房，而我們三位男老師要擠在一個只有兩張床的房間睡覺。當然，這同時意味著有一位男老師要睡沙發。

起初，我們是有些情緒的，因為覺得大老遠從中國來，一到這裡就要睡沙發，所以心裡有點不舒服。我們幾位老師便開始你一言、我一語地抱怨起來。我們抱怨了大概一個小時，忽然發現這種抱怨似乎解決不了什麼問題。因為我們無論怎樣抱怨，都得面對今晚要有一個人睡沙發的現實。

那麼，此刻我能做些什麼呢？想找美方合作學校的連絡人，我又怕深夜打擾人家顯得不禮貌。想找酒店幫忙協調一下，我又擔心人生地不熟、因文化差異溝通會存在問題。不過經過一番權衡，我還是鼓起勇氣走到櫃檯，準備和酒店的值班經理聊一聊，看看有什麼解決辦法。

其實，問題遠沒有我們想像的那麼複雜。櫃檯值班經理是一個中葡混血的年輕人，人非常好，很理解我們目前的處境，爽快地答應為我們臨時加一張床，並且很快就派了兩個服務生把臨時加的床送到了房間，問題就這樣被解決了。

說實話，這真的不是一件什麼大不了的事情，但這件事情卻對我們解決在生活中遇到的很多問題都有所啟示。因為我們在日常生活中所碰到的大部分問題，其實都可以透過這種積極主動的行動去解決。

一次積極主動的行動，勝過千百次的擔憂或者抱怨。

當我們在抱怨一件事情的時候，其實說明了我們從內心深處不肯去接受這件事情已經發生的現實。而這種拒絕接受現實的心態，只會讓事情在原地打轉、讓問題無法解決。而解決問題的最好方式莫過於直接面對問題本身，問問自己「此刻，我能做什麼」，然後透過自己積極的行動去把問題解決掉。

我一直相信一個樸素的道理：行動，是化解焦慮的絕佳方式。

那麼，為什麼說行動是化解焦慮的絕佳方式呢？因為焦慮往往產生於一種不確定性當中。

例如，我們擔心某件事情會有不好的結果、擔心自己可能會受到傷害等。這個時候，我們僅僅靠大腦反覆思考是不夠的。而且，這種反覆的思考甚至會讓事情變得更加糟糕。因為我們在不斷去思考一件事情的時候，很容易誇大事情的負面後果，對事情的發展產生一種災難化的預料，從而使自己陷入一種更加嚴重的焦慮情緒當中。

這個時候，如果我們能夠採取一些積極的行動，就可以有機會促使我們所焦慮的事情慢慢好轉，從而在根本上解決問題。退一步講，即使沒有馬上解決問題，至少我們也可以在行動的過程中收集到更多與決策有關的資訊或者資源，從而降低事情本身的不確定性，最終促使事情往更好的方向發展。

在文章開頭講述的例子中，當我鼓起勇氣走到酒店櫃檯，和櫃檯值班經理進行一番溝通後，之前在腦海中循環播放的各種不確定性都被一一化解了，最終問題也得到了很好的解決，我也因此不再感到焦慮了。

雖然說「行動是化解焦慮的絕佳方式」，但是我們在感到焦慮的時候，往往會發現，有很多問題是我們沒有辦法馬上採取行動去解決的。

比如，很多人都會在週日的晚上感到焦慮，因為大腦會忽然想到下週有很多事情需要去做，但是這些事情又沒有辦法馬上動手去做。再比如，有的學生會在某個重要考試即將到來時感到焦慮，卻又覺得需要複習的內容太多，不知該從何處下手。

其實，在面對一些容易導致焦慮的複雜事情時，我們就要學會透過制訂行動計畫的方法來化解焦慮。

例如，我最喜歡在週日的晚上做好下一週的週計畫，每次制訂好週計畫之後，我都覺得焦慮感會少很多。同樣，對於一個因為考試而感到焦慮的學生來說，他也可以透過制訂一個詳細的複習計畫來減少焦慮感的產生。

制訂行動計畫的過程，會讓那些使我們感到焦慮的事情變得更加明確和具體。把這些事情寫下來的過程，其實也是一個慢慢釋放焦慮情緒的過程，絕對值得一試。

說實話，我是一個特別容易感到焦慮的人。但是我心裡也明白，焦慮的背後是一種「想要把每件事情都做好」的完美主義心態。處在人生發展期的我，如果對所有的事情都不在乎，就不會那麼容易感到焦慮了。

但是，一個人只要想變得更加優秀、想要把事情做得更好，就不可避免地會經歷焦慮。從本質上來說，焦慮是具有積極意義的，它是一種自我保護機制，可以讓我們為潛在的風險做好充分的準備。

比如，當我受邀去做一場心理學講座的時候，我就會感到焦慮，感到焦慮的原因是我想把這場講座做好。同時，也正是這種焦慮情緒的存在，促使我不斷地思考如何去做好這場講座，同時我也會花更多的時間為做好這場講座做準備，最終努力把這場講座變成一場成功的講座。

總之，焦慮對我們來說是有益的。但前提是，我們不要被焦慮情緒吞沒，導致自己在原地不停地打轉，而是要透過採取積極的行動去化解焦慮，使事物朝著更加美好的方向發展。

chapter 3

自我懷疑：總是覺得自己不值得一提

你是否經常會委屈自己去討好別人

一天，從早上起床開始，我就覺得心情不太好。我之所以心情不好，是因為覺得自己的身體不太舒服，胃有點難受。

現在的我，非常在意自己的身體狀態，因為有太多的事情等著我去處理，而要想保持高效的學習或工作狀態，就必須有良好的身體狀態作為支撐。所以，一旦身體狀態不好，我就會變得非常焦躁不安，擔心沒有辦法完成自己制訂的各種計畫。

我開始回想，自己是從什麼時間開始覺得胃不舒服的。那是上個週末的早晨，為了討家裡人高興，證明家人做的飯好吃，我強迫自己吃下了比平常飯量更多的蛋炒飯。吃完早飯之後，我就開始感到胃部隱隱有些不適，可能是因為我吃得太多，胃有些消化不良。我知道，這是不愛惜自己的一種表現。

為了討別人開心，我經常會委屈自己，去迎合別人。

從心理學上講，委屈自己去討好別人，是缺乏安全感的一種表現。缺乏安全感的人會認為，愛是有條件的，只有在自己努力去討好別人的時候，別人才會好好地對待自己。

認真回想了一下，在很多事情上，我都存在這個問題。例如，為了討好別人，我總是不敢拒絕別人，因為我覺得這會破壞彼此之間的關係和感情。

學了心理學之後，我對自己內心深處缺乏安全感的情形有了更加深刻的認知。但是，這種「委屈自己，討好別人」的行為模式實在太過根深蒂固，並沒有從我的身上完全消失。

有些時候，我會忍住心理上的巨大不安，鼓起很大的勇氣去拒絕別人。但是在更多的時候，為了討別人開心，我還是做了很多自己不喜歡或者不想做的事情。

然而，我總是委屈自己去迎合別人，就會導致負能量在心底不斷積壓。時間久了，自己內心的能量就被深深地壓制住了，形成一種深深的怨念。

我拖著疲憊的身軀走到了地鐵站。在地鐵上，我想翻開書看一下（在地鐵上讀書是我的習慣），但明顯感到自己眼睛發澀、精力不足。

這時候，我的內心深處忽然對家人產生了一股深深的怨念：「要不是為了讓你們高興，我就不會吃到胃撐得這麼難受了！」

在心底說完這些話之後，我忽然覺得有些愧疚。這種話，恐怕只有一個任性的孩子才說得出。而且，心中產生的這種怨念，讓我的胃更加難受。因為對某個人的怨念是帶有一種消極情緒的，而消極情緒會進一步破壞胃的功能。

其實，我是在往外推卸責任。因為沒有人逼我一定要吃下多少飯，吃多少飯完全是由我自己來掌控的。

家人只不過因為看我瘦，希望我長得胖一點，所以才會希望我多吃一點。但是只要我說吃飽了，就沒有人會逼著我繼續吃。只是因為我自己太想討家人開心，所以才一直吃到撐得自己的胃感到不舒服。

人在遇到問題的時候，總是會有一種推卸責任的傾向，這不僅無助於問題的解決，還會讓問題越來越糟糕。

當我準備好好反思這件事情的時候，我想到了《零極限》一書中提到的兩個觀念。仔細思考一下，我覺得這兩個觀念對於調整心態有很大的幫助。

第一個觀念：你必須對自己的人生百分之百地負責。

第二個觀念：「對不起，請原諒我。謝謝你，我愛你。」

說實話，第一次讀這本書的時候，我沒怎麼看懂。書裡面講了一個什麼「鳳梨菠蘿蜜」療法（我又認真查了一下，應該是「荷歐波諾波諾」——大我意識療法，也被稱為「夏威夷療法」）。

第二次讀這本書的時候，我覺得對其中的一些理念有些理解了，覺得它講得很有道理。

我們先來看看第一個非常有價值的觀念：你必須對自己百分之百地負責。

如果你自己不去愛惜自己，沒有人能代替你去愛惜自己，那麼你不能因此怪罪任何一個人。委屈自己，就是對自己不負責任的表現。委屈自己的胃吃下了超量的食物，就是對自己的身體不負責任的表現。

當你因為委屈自己而遭受痛苦的時候，沒有人會為你負責，你只能一個人獨自承受所有的痛苦。只有當你決定要全然為自己的行為負責任的時候，你才能學會真正地愛自己，而不是一直委屈自己。

接下來，我們再看看第二個觀念：「對不起，請原諒我。謝謝你，我愛你。」

在《零極限》一書的序中，暢銷書作家張德芬將這兩個短句概括成了兩個重要詞語——懺悔和感恩。懺悔和感恩，恰恰是一個人心靈成長的重要工具。

當我們委屈自己去討好別人的時候，心裡面裝的不是愛，而是恨。

上述兩個短句的厲害之處就在於，它會將因為委屈自己而產生的怨念透過「懺悔」的方式給化解掉，然後再透過「感恩」的方式製造更多的愛。

當我因為不愛惜自己而導致胃部難受的時候，我在心裡一個勁地罵自己沒出息，同時還對做飯的家人充滿了怨念。這個時候，我就特別需要這兩個短句的幫助。

我摸著自己的胃，對它說了一句：「對不起，請原諒我。」原諒我沒有好好地照顧你，吃了太多難以消化的東西讓你如此難受，今後我一定會好好愛惜你。接下來，我又在心底對我的家人說了一句：「謝謝你（們），我愛你（們）。」

家人每天辛苦地做飯、照顧孩子，我從來沒有認真地感恩過，而自己的胃一不舒服，我就開始對家人充滿怨念，這真是極大的罪過。尤其是我的岳母，他每天早起晚睡，一邊要精打細算地過日子，一邊還要絞盡腦汁地為全家人準備最可口的飯菜，他總是在小心翼翼地考慮每個人的感受，每天都非常辛苦。

反覆把這兩個短句念叨了幾遍之後，我心裡的怨念基本上都消失了，情緒也好轉了很多。也許是因為心理作用，我的胃竟然也沒有那麼難受了。當然，一個人如果胃不舒服，那麼該吃藥還得吃藥，因為再神奇的心理暗示也不能代替必要的藥物治療。

下面，我們就來簡單總結一下，當你總是忍不住要委屈自己去討好別人的時候，請記住提醒自己：第一，身體是自己的，你必須對自己百分之百地負責任；第二，當因為委屈了自己而感到難過的時候，記得在心中默唸這兩個短句：「對不起，請原諒我。謝謝你，我愛你。」也許適當的懺悔和感恩，會將你帶離消極情緒的漩渦。

我討厭自己過分謙卑的模樣

一個週末的下午，我接到一個快遞人員的電話。原來，我在網路上買的書被快遞人員弄丟了，他想跟我商量一下怎麼處理。

因為我知道快遞人員賺錢很不容易，所以開始的時候，我態度溫和，非常謙卑地和對方交流。我耐心地陳述了整個事件的經過，並且希望對方幫忙盡快解決問題。

當我告訴對方這本外文書的價格是一百五十元人民幣的時候，沒想到對方竟然說：「你怎麼買了這麼貴的一本書？本來想既然把東西給弄丟了，賠你一點錢就完事了，但是沒想到你買的書這麼貴！」

對，你沒聽錯。明明是對方犯的錯，但是我卻受到了一番數落。而且對方還是用家長教訓小孩子的口氣，不耐煩地向我說了上面這樣一番話。

我有點生氣。

於是，我馬上提高了聲調，擺出作戰的架勢，開始和對方據理力爭。無論對方怎麼轉移話題，我都堅持讓對方回答我這個問題：「請問，把書弄丟了這件事到底是你的錯，還是我的錯？」在我的強攻之下，對方開始認錯。

此外，我還告訴對方：「如果你想逃避責任，不去解決這個問題，那麼我會透過多種管道投訴，維護自己的權益到底。」

當我的語氣開始變硬、立場開始變得堅定之後，那名快遞人員就服軟了。他告訴我：「給我一點時間，我會給你一個滿意的答覆。」後來，快遞公司很快重新購買並郵寄了一本同樣的書給我，還打電話向我賠禮道歉。

我覺得人際溝通要遵循一個重要原則：對待不同的人，你要使用不同的溝通方式。對待知書達理的人，你應該溫文爾雅；對待野蠻粗魯的人，你就應該變得勇敢堅強。老實說，我一直是一個態度謙卑、異常客氣的人，大部分朋友都覺得我性格溫順。但是，如果我真的被惹怒之後，就會瞬間變得極具攻擊性。

說來也奇怪，有時候我更喜歡自己富有攻擊性的一面，因為當我展現出攻擊性一面的時候，我覺得自己特別有活力，渾身上下都充滿了生命活力。

當然，這種攻擊性並不是指針對家人或者朋友所做出的無理取鬧、恃強凌弱的行為，而是指當自己的權益受到侵犯的時候所採取的據理力爭的行為。

我深知，當一個人受到不公平待遇的時候，不應該再繼續表現出過分謙卑的態度。因為憤怒是力量感的一種展現，如果拚命壓抑自己的感受，就會把向外對別人的攻擊轉化為向內對自己的攻擊。一個人如果總是憋著不敢發怒，時間久了就會憂鬱。

我們經常會說，「爛好人特別容易憂鬱」。這是因為，爛好人對誰都過分謙卑，從來都不敢展現自己的憤怒情緒。這些負面情緒在人的身體內積壓久了，就會變成心理垃圾，奪走一個人的生命活力。

前些日子，我又對自己過分謙卑的處事風格進行了更為深刻的反省。

事情是這樣的：

不久前的一天，我和一位粉絲見了一面。這位粉絲買了我好多本書，並說自己對書中的很多觀點都很贊同。巧合的是，這位粉絲就住在我家隔壁的一個社區，於是我們決定約著見一面，我請客。和自己的粉絲見面，應該算是一件令人得意的事情了。於是，我帶上家人一同前往。

因為覺得對方買了自己的書，還願意花時間去讀，所以我特別感激對方。在席間交談的過程中，我又開始表現出那種過分謙卑的模樣。

知名諮商心理師武志紅曾說：「過分謙卑的背後，是奮力的討好。所謂討好，就是透過貶低自己的價值來抬高別人的價值。」

為了照顧對方的感受，為了讓我的這位粉絲感覺良好，我開始奮力地貶低自己的價值，去挖掘和抬高他的價值。對方在一家世界五百大企業工作，我就開始拚命地誇讚他能力強、比我在學校工作見的世面廣等。

我誇得那麼動情、那麼認真，最終竟然使我們之間的地位出現了反轉。沒錯，在我的奮力討好下，我成功地化身成了對方的粉絲。然後，對方就開始跟我講很多人生大道理，勉勵我好好努力、好好學習，還要多注意身體。

說實話，吃完這頓飯，我覺得自己特別壓抑和委屈。為了讓對方感覺良好，我幾乎把自己貶得一文不值。連家人都覺得我沒骨氣，表現得特別沒自信。

這其實是我身上存在的一個很大的問題。在很多場合中，我不敢接受別人的真誠讚美，會刻意壓低自己所獲得的成就，努力去迎合別人。這種心態反映在身體語言上就是，我經常會彎腰駝背，顯得一點自信都沒有。

不過我相信，覺知問題是改變問題的第一步。

這種過分謙卑的背後，是自信心和安全感的匱乏。如果想要成為處理人際關係的高手，就必須將過分謙卑調整為適度謙卑。

亞里斯多德曾經說過，無論什麼樣的優秀品質，一旦「過度」或者「不及」之後，就都不再是優秀的品質了。而只有「適度」的優秀品質，才是真正優秀的品質，

「謙卑」這種品質也不例外。

從精神分析的角度來講，在人際溝通的過程中，一個人只有適當地去展現自己的攻擊性，才有機會和另外一個人建立真正深度的關係。中國有句古話，「不打不相識」，說的就是這個道理。

換個角度來講，如果一個人整天對你客客氣氣、過分謙卑，相信你會覺得這個人沒有自信、缺乏生命活力。也許你還會感覺到，自己很難走進對方的內心，更無法和他建立真正的關係。

在明白以上這些道理之後，我在生活中就開始有意識地變得更加霸氣一些。以前在和學生交流的過程中，我總是特別考慮學生的感受，很少批評學生，說起話來小心翼翼。有時候，學生問我一件事情，我會忍不住向學生發一大段訊息來解釋，而有的學生看到訊息之後，只回覆我一個「好」字。

最近這幾天，發現學生做錯了事情，只要是為了學生好，我就會直接指出來，而不是像以前那樣不敢批評學生，擔心會傷害學生的自尊心。而且我發現，以促進學生成長為目的的批評，反而更會讓我贏得學生的真正尊重。

此外，我還時不時地告訴自己要更加自信一些。當受到別人誇獎時，我不再像以前那樣猛說：「不不不，我不行。」而是從容自信地回覆對方：「謝謝誇獎。」

今後，我不想再透過貶低自己的方式去抬高別人了，而是愉快地接納別人對我的真誠讚美。即使面對那些很厲害的人，我也會在心裡默默說一句：「你行我也行，我們都可以做得很棒。」

我從來不敢縱情享受生活

在和我的朋友志剛（化名）聊天的時候，他問了我一個問題：「這麼多年來，我一直有一個困惑——為什麼我從來不敢縱情享受生活？」

「我的神經總是緊繃著，有時我會陷入一種對未來的莫名焦慮當中，有時我會有一種不祥的預感。即使各項工作都進展得相當順利，我也會擔心有什麼不好的事情即將發生。有時，我會擔心公司忽然倒閉，有時我會擔心家人出車禍，有時我會擔心孩子被別人拐走等。」志剛向我進一步解釋道。

「這種情形持續多久了？」我問志剛。

「好像已經持續很久了。」志剛回答。

「那麼，當你感到憂慮的時候，你能自己擺脫這種消極的狀態嗎？還有，你覺得這種憂慮的狀態已經嚴重得影響到你的工作和社會關係了嗎？」

「哦，那倒沒有。當心情不好的時候，我經常會去打籃球；在公司，我和同事之間的溝通還算挺好的。」志剛接著回答道。

根據志剛的回答，我套用許又新教授提出的精神官能症評分標準，在心裡默默地替志剛做了一個評估。志剛的情況並不嚴重，因為他能夠自行擺脫心理上的焦慮狀態，而且他的社交生活也並沒有受到多大的影響。因此，他還不足以被診斷為焦慮症，頂多被診斷為疑似焦慮症。

但是，志剛所表現出來的症狀，和焦慮症的一種——「廣泛性焦慮」的症狀已經很像了，應當引起警惕。

那麼，什麼是廣泛性焦慮呢？

所謂廣泛性焦慮，是指一種以「缺乏明確對象和具體內容的提心吊膽或緊張不安」為主的焦慮症。

前面提到，志剛的問題並不嚴重。如果他已經達到了無法自行排解焦慮的地步、社交生活也受到了嚴重影響，並且還出現了頭疼、失眠、心慌、胸悶等自律神經系統功能紊亂的症狀，就會被診斷為廣泛性焦慮症了。

那麼，廣泛性焦慮所表現出來的這種「毫無事實依據的擔憂」是由什麼原因造成的呢？

在《如何才能不焦慮》（*Take Control of Your Anxiety*）一書中，作者講道：「在充斥著酗酒、暴力、離婚、不忠、言語衝突、財務憂慮、無家可歸和長期失業的家庭中長大的人，患廣泛性焦慮的可能性會大大增加。」

「廣泛性焦慮會讓你形成一種習慣性的處世哲學：絕對不容許自己有一絲的鬆懈，因為不好的事情隨時可能發生。」

志剛告訴我，小時候，他的父母經常吵架。每次父母一吵架，他的心馬上就會緊繃起來，因為他擔心父母之間的吵架會升級為暴力衝突。母親在吵架的時候經常喜歡摔東西，而父親則經常「碰」的一聲把門重重地關上。然後，整個家庭會馬上籠罩在一片緊張的氣氛之中。

小時候，志剛總是活得小心翼翼，時刻注意著父母溝通時所釋放出來的危險信號。一旦媽媽不高興了，他就開始隱隱地擔憂，擔心一場大戰一觸即發。

還有一件事情，也讓志剛留下了深刻的印象。當志剛還在讀小學的時候，有一天志剛放學後開開心心地回到家，卻看到媽媽正在房間裡哭泣。媽媽一邊抹眼淚，一邊跟志剛說：「你爸爸可能永遠都回不來了。」

那一刻，志剛覺得整個天都塌下來了。原來，爸爸開著車去南方買水果了，準備把水果運回北方來賣。出發之前，爸爸說兩個星期後回來，結果一個月後他都沒回來。那時是一九九〇年代初，家裡沒有電話，溝通極為不便。由於媽媽無法聯絡到爸爸，所以媽媽擔心爸爸出了意外。

雖然過了一段時間之後，爸爸終於回來了，但是這個事件更加強化了志剛「在一帆風順的時候會莫名地擔心有不好的事情即將發生」的思維方式。

看到這裡，相信大家能夠明白，為什麼志剛從來不敢縱情享受生活了吧？因為童年的經歷和創傷性的事件，讓志剛無法放下對「生活中潛在危險」的戒備之心。

對於志剛來說，這種莫名的焦慮就像一個「護身符」，彷彿只有念念不忘，才能防止危險的事情發生。

那麼，如何才能「擺脫這種莫名的焦慮，縱情地享受生活」呢？我向志剛提了下面三個建議：

一、尋找隱藏在焦慮背後的心理原因

我們知道，覺知問題是解決問題的第一步。我告訴志剛，當下一次感到莫名焦慮的時候，希望他能夠提醒自己：「這不是我的錯。我之所以會變成現在這樣，是因為之前的成長環境缺乏安全感或者出現過創傷性事件。而我現在所處的環境已經安全了，因此沒有必要過分地擔驚受怕了。」

如果志剛能夠進一步學習一些放鬆療法，嘗試著透過深呼吸或者冥想的方式讓自己的身體變得更加放鬆，那麼，他的焦慮狀態會進一步得到緩解。

二、讓生活保持充實的狀態，減少莫名焦慮的時間

這種沒有現實依據的焦慮狀態，最容易在人們感到無事可做的時候「冒」出來，並且馬上進入「單曲循環」的狀態，變成一種憂鬱的「背景音樂」，持續地影響一個人的情緒。在很多時候，我們無法控制住自己不去胡思亂想。

這時候，最管用的方法是，**保持一種充實的生活狀態，透過轉移注意力的方法走出這種焦慮狀態**。

我建議志剛為自己準備一張休閒清單。當感到無事可做、馬上就要進入焦慮狀態的時候，他就拿出這張休閒清單來做上面列出的事項，進而轉移自己的注意力。

在經過了一番思考之後，志剛在手機的筆記本上列出了一張休閒清單，清單上有讀小說、看電影、打籃球、聽音樂等一系列的事項。這樣，在感到莫名焦慮的時候，志剛就可以透過做這些有意義的事情讓心靈感到充實了。

三、接受不能改變的，改變可以改變的

志剛還告訴我，每個週末的下午和晚上，通常都是他的那種焦慮感最為強烈的時候。他總是會擔心，在週一中會碰到一些讓他覺得壓力很大的工作，或者會有一些不好的事情發生。

我告訴志剛：「焦慮很容易產生於一片混亂之中，因為混亂之中往往隱藏著危險的信號。」

如果志剛能夠在週日花一點時間，為即將到來的下一週工作，提前做一下計畫和準備，就能有效地減少心中的混亂狀態，做到胸有成竹，進而減少焦慮情緒的產生。也就是說，與其對未來那些虛無縹緲的事情擔憂，不如花一點時間為未來做好充分的準備。

我的童年並不幸福，但那又怎樣

我的童年過得並不幸福，翻看小時候的照片，我很少看到自己有微笑的表情。

從我讀小學一年級開始，父母為了賺錢去外地做生意，就把我留給爺爺、奶奶照顧。當然，爺爺奶奶也很疼愛我，但他們更多是在生活上關心我；在精神上，他們無法像父母那樣對我做到貼心呵護。

讀小學一年級的時候，我的成績並不好。但是後來為了吸引父母對我的注意力，我努力地念書，學業成績開始從班級中等程度變成名列前茅。

通常每次開家長會的時候，也是我最失落的時候。雖然我的成績非常優秀，但是父母沒空參加家長會，所以他們沒有辦法當面聽老師誇獎我到底有多優秀。

得不到充分關愛的孩子，會變得特別懂事。每次生病的時候，無論是打針，還是吃很苦的藥，我都不會吭一聲。我做的這一切，只為得到媽媽的一句誇讚：「兒子，你真懂事。」因為在內心深處我沒有安全感，所以拚命想要得到父母的認可。在潛意識中，也許我害怕自己被遺棄。

那時候，我最盼望的一件事，就是父母能夠從外地回家。父母不在身邊的時候，我的整個精神世界都是空虛的；父母回家之後，我的整個內心都會充滿了喜悅。

印象最深刻的一次，就是媽媽提前幾天打電話說要回家（那時還沒有手機，不能隨時聯絡）。到了那一天，我從早上就開始盼望著父母回家。結果，到了晚上，父母還沒回家。於是，我就躺在床上等他們回來。

一聽到有汽車轟鳴的聲音，我就馬上變得興奮起來，心「噗通噗通」地跳。然後，我渴望著家裡的房門能夠打開，然後父母推門進來。然而，那天晚上，我聽到了很多次汽車的轟鳴聲，卻始終沒有聽到開門聲。就這樣，那天晚上，我的心經歷了無數次「滿懷希望—希望落空—重新燃起希望—希望再次落空」的反覆循環。

原來那天父母因為臨時有事，所以第二天才回來，我等了一夜都未睡。

後來，我漸漸學會了不再輕易地把自己的喜悅表現在臉上。因為我擔心滿心喜悅之後，卻是希望一次又一次地落空。這樣，我會更加難受。所以，我開始給別人一種相當冷漠的感覺。

有一次，媽媽問我：「孩子，你會不會覺得上天挺不公平的，讓你出生在我們這樣的家庭？」

當聽到媽媽這樣的問話時，我的心裡一震，因為我的確覺得上天對我挺不公平的。但是為了討媽媽開心，我還是裝作滿不在乎的樣子，告訴媽媽：「其實我覺得自己挺幸福的。」

那時我讀小學四年級，已經懂得如何偽裝自己的真情實感來討父母開心。在我讀國中的時候，家裡又發生了重大變故。我經常會覺得上天真的對我很不公平，有一段時間，我對整個世界都充滿了怨恨。

只有不幸福的人，才會對這個世界充滿敵意。

後來我學了心理學，考取了諮商心理師的資格證照，經常會回顧自己的童年經歷，反思自己的性格是怎樣一步步形成的。同時，我也在不斷地改變自己、不斷地去調整自己的心態。尤其是在學了正向心理學以後，我已經能夠做到對自己不太幸福的童年經歷慢慢釋懷了。

學習心理學的過程讓我明白：**雖然我沒有辦法逆轉自己的成長經歷，但是我可以改變自己的心態**。換一個視角去看待自己這些所謂的痛苦經歷，我或許能夠發現其中的一些積極意義。

父母對孩子的無條件關愛，通常是一個人安全感的最初來源。因為小時候我沒有得到父母充分的關愛，所以我是一個非常沒有安全感的人。正是因為沒有安全感，所以我才開始變得極具憂患意識，上進心很強，從來不敢停止努力，這也算是不太幸福的童年帶給我的一份禮物。

不只一個人告訴我說，第一次見到我，和我進行一對一交談的時候，很容易覺得我是一個相當內向靦腆的人。但是當我一旦站到講臺上的時候，就好像瞬間換了一個人一樣。講臺上的我，充滿活力，富有熱情。

為什麼會這樣呢？也許是因為在我最需要被關愛的童年時期，我沒有得到充分的關注，所以我一直都在尋求心理上的一種補償。無論是講課還是做講座，都可以滿足我被關愛的心理需求，而且往往聽課的人數越多，我就顯得越興奮。我經常受邀去做心理學方面的講座和分享。每次講座結束，我都會很有成就感，這算是不太幸福的童年所帶給我的另外一份禮物。

當然，沒有安全感和渴望被關愛的心理特質，有時也會讓我活得很累。因為沒有安全感，所以我變得很敏感。一件小事，就很容易在我心中激起很大的波瀾，我也因此很容易失眠。因為渴望被關愛，我就會變得害怕別人的否定，於是努力去迎合他人，所以就會活得很累。

但是，我始終相信，**「對問題的覺知」是解決問題的第一步**。

既然知道自己的性格是怎樣一步一步形成的，我就可以一點點去改良、去完善。現在的我，依然有些敏感，依然害怕別人的否定。但是，我已不如從前那般敏感了，當聽到別人對我的否定的時候，我也不會那麼難以釋懷了。

不幸福的童年經歷，讓我下定決心，要給自己的兒子一個幸福的童年。當然，學過心理學的我非常清楚一件事情，那就是不能過於溺愛孩子。

我一直以為自己會更加喜歡女孩，但是在兒子出生之後，發現自己一樣異常疼愛他。我知道，當我忍不住加倍疼愛兒子的時候，其實是把童年時期那個不太幸福的自己投射到了兒子身上。當我疼愛他時，也是在疼愛童年時期那個缺少關愛的自己。當我抱著兒子的時候，其實他也在抱著我。表面上看來，是我在照顧著兒子那幼小的身體；實際上，卻是他在撫慰著我那曾經受傷的心靈。

當兒子第一次叫我「爸爸」的時候，當兒子第一次跑過來給我一個吻的時候，我似乎都能感覺到：上天是公平的。

雖然我的童年不太幸福，但正因為如此，我下定決心要給自己的兒子一個美好的童年。而且，我會更加珍惜與兒子相處的每一個瞬間。

如果可以選擇，相信沒有人會選擇去經歷一個痛苦的童年。但是，即使擁有了一個不太幸福的童年，我們也不要悲觀絕望。

我們要學會接受不能改變的、改變可以改變的。

首先，我們要認知到，童年的不幸所導致的安全感缺失和自卑感，也會有其積極的一面。例如，沒有安全感會讓一個人變得憂患意識很強、很有上進心。自卑感會讓一個人更加努力，不斷地去超越自己等。

其次，既然我們的童年經歷已經塑造了我們的性格，那麼我們就要學會接納和完善自己的性格。

例如，雖然我沒有辦法徹底改變自己敏感的性格，但是我可以透過自己的努力，像用遙控器調節空調溫度一樣，把自己的敏感指數調節到一個適宜的範圍內。

最後，我們要對未來心存希望。如果自己擁有一個不幸福的童年，也不要怨天尤人，因為這是我們無法選擇的。等到我們養育孩子的時候，福報就會落在自己的孩子身上。當然，前提是我們要以科學的方法去教育孩子，對孩子不能過於溺愛，要多抽出時間去陪伴孩子。孩子幸福了，家長的心靈也會得到撫慰。

總之，我們不要讓童年時期的不幸遭遇成為自己一生的詛咒。

我擔心別人看著我時，覺得我是個失敗者

我跟大家講個故事。

美國的一個中年大叔，名字叫布萊德，他一直飽受失眠的困擾。其實在很多人眼中，他的生活過得還挺幸福的。

他有房，有車，家庭幸福。他的老婆深深地愛著他，經常會讚美他，還很賢慧。他的兒子讀高中，有極好的音樂天賦，並且有希望進入很好的大學讀書。

那麼，他為什麼會失眠呢？因為他沒事就喜歡瀏覽社群動態。然後，他發現自己當年的大學同學都比他成功。這讓他心理上覺得很不平衡。

例如，他的同學中，有的已經成為知名的企業家，並且擁有了私人飛機；有的賺了很多錢，買了一座私人小島，提前進入了退休生活；還有的成了白宮顧問，上電視做訪談，出版了暢銷書，很是風光。

而布萊德呢，自己經營著一家小小的非營利機構，經營狀況並不理想，勉強維持溫飽。最近，他唯一的職員又向他提出了辭職。

在失眠的夜晚，布萊德就控制不住自己去想：都是在同一所大學畢業，為什麼自己和其他同學的差距就這麼大呢？在這種反覆的比較中，布萊德失去了內心的平衡，輾轉反側，徹夜難眠。

這一切痛苦，其實都是他與別人進行盲目比較惹的禍。

由於不停地與大學同學比較，布萊德開始變得敏感起來。在和大學同學聊天的時候，即使那些「成功」的同學並沒有貶損他的意思，布萊德也總是能從對話中嗅出一些「被鄙視」的味道。

因此布萊德的情緒開始變得起伏不定，渾身上下都充滿怨氣，他的所有擔憂都歸結為一句話：「我擔心別人看著我時，覺得我是個失敗者。」

後來，治癒他的竟然是他兒子的一番話。在一次談話中，兒子安慰他說：「老爸，你其實根本就沒必要那麼在意別人對你的看法。因為每個人都只會想著自己，沒有人會一直惦記著你過得到底怎麼樣。而唯一惦記著你的人其實就是我，所以你唯一需要在意的，就是我對你的看法。而我對你的看法很簡單，那就是『我愛你』。」

這個故事是我從電影《人生剩利組》裡面截取的一些片段，尤其是在電影中聽到兒子對爸爸說出上面那一番話的時候，我覺得特別暖心。

是啊，我們其實根本就沒有那麼多觀眾，也沒有那麼多人總是會一直注意著我們，因為大家都要匆匆忙忙地去過自己的生活。所以，每天為了別人無關痛癢的目光而把自己搞得特別累，真的是一件不划算的事情。

有的人，旅遊的時候根本無暇享受沿途的風景，而是花費大量的時間擺造型、修圖，只為成為社群動態裡「最好看的人」。

還有的人，超出自己的能力範圍去買名牌服飾和包包，結果大部分的時間都在勒緊褲腰帶，不斷降低自己的生活品質，不惜每天吃泡麵和罐頭。

有太多的人，終其一生都在博取別人豔羨的目光，最終把自己搞得很累，打亂了自己的人生節奏，同時也忽略了我們最親近的人的感受。

真正在意我們的人，其實就是我們身邊的人——我們的家人、我們的摯友。而這些人，不會因為你的地位高低或發展好壞而表現出特別不同的目光。這些人，才是我們真正需要去在乎的人。

在陪伴兒子的時候，有時迫不得已，我會透過手機回覆一些工作上的訊息。這時，我四歲的兒子就會像一個小老師一樣，大聲對我說：「爸爸，別工作了，放下手機陪我玩！」

我知道，兒子想要真正表達的意思是：「爸爸，此時此刻我才是那個最重要的人。你應該在乎我才對，而不是那麼在乎手機上正在聯絡的某個人！」

看到這裡，也許有人會說：不和優秀的人去比較，總是沉浸在自我感覺良好的幻象中，怎麼會有發展的動力呢？

其實，不去和別人比較只是初級層次的修練，更高層次的修練則是：**按照自己的節奏去走**。

說實話，我自己也是一個爭強好勝的人。曾經有一段時間，我也會忍不住和身邊的人去比較。我的同學當中，有已經賺到年薪五十萬元人民幣的甚至一百萬元人民幣的；有做官做到正處級（**中國公務員級別之一**）的，甚至馬上要升到副廳級（**中國公務員級別之一**）的；還有做學術特別出色的，已經開始帶碩士生、博士生的。

有時候，我也會忍不住去想，為什麼覺得自己還挺努力的，也一直在很努力地規劃自己的未來，怎麼工作八年到現在，還是大學裡的一個小講師？

精神分析學派認為，我們的夢裡面往往藏著問題的答案。

在總是忍不住和別人進行比較的那段時間，我做了一個很特別的夢，我夢到了中國男子籃球隊的球星易建聯。

作為一個籃球迷，我在夢中有機會去採訪易建聯。具體說了什麼話，我已經記不得了，但是我記得易建聯始終具有篤定的目光、自信的神情。

夢醒之後，我很快就想明白了這個夢要告訴我什麼——不要和身邊的人盲目比較，按照自己的節奏一步一步去走就好。

為什麼我會得到這個啟發呢？

王治郅、姚明和易建聯是中國籃球的指標性人物，他們都曾帶領中國隊獲得過輝煌的戰績，並且都曾在NBA（美國職業籃球聯賽）的球隊作為主力球員打過球。

不過，目前王治郅已經成了八一男子籃球隊（曾是中國職業籃球聯賽中的一支球隊，已於二〇二〇年退出聯賽）的主教練，姚明已經成了中國籃球協會主席，三人中只有易建聯依然以球員的身分在打球。

以易建聯在中國籃球界的地位，無論是選擇成為一名籃球教練，還是選擇其他的發展方向，都可以相當輕鬆地超越球員身分，獲得更大的發展。但是目前三十多歲的他，沒有選擇退役，依然馳騁在籃球場上。

因為他熱愛打籃球的感覺，喜歡按照自己的節奏去走。而只有按照自己節奏去走，不盲目和身邊的人去比較，一個人的臉上才會顯露出自信的光芒。

這個夢啟發我，自己之所以會一直從事教書育人的工作，是因為自己的熱愛。同時由於人的機遇不同、資源不同，因此每個人都有不同的發展節奏。只要按照自己的發展節奏一步步走下去，我一定會走出一個更好的未來。

我們知道，在被出版社拒絕了十二次之後，三十二歲的羅琳才出版了《哈利波特》；馬雲三十五歲的時候，才創立了阿里巴巴；好萊塢金牌男配角摩根．費里曼，五十二歲才迎來自己演藝事業的大爆發；美國的摩西奶奶，七十五歲以後才開始嘗試繪畫，八十歲時在紐約舉行了自己的個人畫展，並引起了巨大的轟動。

環顧四周，肯定有些人的發展會遙遙領先於你，也會有些人的發展落後於你。但我們只要不過分執著於和別人進行比較，按照自己的節奏一步一個腳印地去走，即使沒有迎來事業爆發的那一天，你也不失為一個成功的人。

chapter 4

社交恐懼：渴望交往卻屢遭傷害

適時向別人求助，減輕獨自背負的壓力

寫這篇文章的前一天，對我來說，是特別有挫敗感的一天。這本來是一個看似完美的早晨。一大早起來，我克服了各式各樣的誘惑，把手機扔在了一邊，端坐在電腦前準備做點正事。

因為寫論文要查閱一篇學術文獻，但我需要透過學校的遠端登入系統才能下載這篇學術文獻。我按照網路上的要求安裝了相關的遠端登入軟體，然而嘗試了很多遍，卻始終無法正常遠端登入系統。

嘿，我這脾氣就上來了。接下來，我徹底把鑽牛角尖的「精神」發揮到了極致，花了將近兩個小時來處理這件事情，而結果依然是——不管用。

就這樣浪費了兩個小時的黃金時間，我的心都在滴血。這時我忽然想到，是否應該向懂電腦的同事求助一下呢？對了，我的一個同事對網路系統非常了解，肯定能幫

助我解決這個問題。

然而，剛要準備拿起手機來傳訊息給這位同事，我忽然想起來現在是暑假時間，這樣打擾他實在不太好。萬一人家正在旅遊怎麼辦？萬一他不在電腦前，不方便一步步指導我該怎麼辦？萬一因為這件事我煩到了對方怎麼辦？

想到這些，我放下了手機，接著又自己摸索了一會。就這樣，一個上午的時間過去了，我帶著深深的挫敗感，始終沒有搞定這件事情。

到了中午，我實在忍不住了，還是鼓起勇氣向這位同事發了一則訊息，向其尋求幫助。沒想到，那位同事馬上告訴了我解決問題的方案，問題就在一瞬間被解決了。當我向對方表示感謝的時候，對方還親切地告訴我：「東哥，以後這方面遇到問題隨時聯絡我就行，別客氣。」

看到這則訊息，我的眼睛裡瞬間閃爍著一些晶瑩的小東西。原來，是我把「向別人求助」這件事情想得太複雜了。如果能夠早點向這位同事求助，我就不至於消耗一上午的時間用來做一件勞而無功的事情了。

接下來，我進行了一次更為深刻的反省。自己之所以在很多時候都會感到活得很累，是因為自己凡事都想親力親為，不懂得適時向別人求助。

比如，在第一次簽出版合約的時候，我花了很長的時間，一個字一個字地去

「摳」合約裡的條款，生怕被別人給坑了。碰到不懂的問題，我就去網路上查詢相關的法律條款，後來我恨不得把整部合約法都給背下來。然而，即使我如此認真地檢查合約，最終也還是出了些問題。

其實，雖然我身邊有懂法律的朋友，但我從來不好意思去麻煩別人，於是就硬著頭皮自己上。後來合約出了問題之後，我迫不得已去麻煩懂法律的朋友，朋友很熱心地幫了忙，同時也責怪我在簽合約之前不去找他，因為合約出了問題之後再解決起來就麻煩多了。

到了第二次簽出版合約的時候，我吸取了第一次簽合約的經驗，直接花了五百元人民幣找了專門審出版合約的代理人幫忙，省掉了不少的時間和精力。

最近家裡遇到點小的狀況，又涉及了法律問題。這一次，我沒有再像往常一樣因為這件事耗費太多的腦細胞，而是直接在網路上找了一位律師諮詢。因為只是一個很小的法律問題，所以我花了一百元人民幣就找律師解決了，真是省心又省力。

那麼，為什麼人們有時候不願向別人求助呢？我覺得主要有以下三方面的原因。

第一，害怕麻煩別人，擔心求助會遭到別人的拒絕，這是由於自我價值感的長期缺失。一個人如果得不到別人的及時回應和肯定，就會對自我存在的價值產生嚴重的懷疑。

第二，不相信別人，擔心別人沒有足夠的能力幫助自己。這背後也許是過度自戀的心態，也許是苛求完美的心態，導致自己始終想要掌控整個過程。

第三，不捨得花錢，覺得只要多花點時間自己就能搞定任何事情。可是，一個人不可能對所有的事情都很擅長啊！所有的事情都去親力親為，就意味著丟掉了個人發展的最寶貴的資源——時間。

接下來我們就來看看，怎樣學會適當地向別人求助。我覺得以下三點特別重要：

一、相信好的人際關係其實都是麻煩出來的

如果你很少向別人求助，那麼你的朋友也一定不多吧。比如一個女生自己什麼事情都能做，連桶裝水都能自己扛，那麼要找個男朋友也會挺費力的。

很多時候，好的人際關係都是互相麻煩出來的。你請求別人幫你一個忙，回頭你再幫別人一個忙。一來一往，你們之間的感情就加深了。

當然，如果我們希望自己在向別人求助的時候能得到別人的幫助，就需要在別人向我們求助的時候盡力去幫助別人。我一直特別相信一個道理：如果你想要什麼，那就要先付出什麼。

二、授權別人做事情的時候，要允許別人犯錯誤

有一次，有人在訂閱號留言說：「小宋老師，關於轉載您的文章的事情，我可以直接和您的助手聯絡嗎？」啊，好尷尬，我根本就沒有助手。

其實，我在忙不過來的時候，曾經也嘗試找了一個助手，但是那位可愛的年輕人一上來就做錯了一件事情，結果我「完美主義」的病發作了，再也不想請人幫忙。

一位做生意的朋友告訴我，授權別人做事情，就一定要允許別人犯錯誤。就像經常要為植物澆水一樣，你要懂得去培養和指導你的助手。雖然這個過程會花費點時間，但是透過積極的授權，最終你的工作一定會變得更加省力又省心。

三、捨得花錢，懂得外包，始終聚焦去做最重要的事情

在這個高度繁榮的商業社會裡，很多事情都是可以透過花錢外包處理的。例如，自己忙不過來的時候，到網路上找個阿姨幫忙打掃家裡。我不知道該如何出版一本書的時候，到網路上付費找個過來人好好聊聊。

一個做自媒體的朋友，在他一個月能賺一萬元人民幣的時候，他就花了兩千元人民幣找了一個兼職助手幫忙做文章選題、文章排版和校對等事情，這樣他自己就可以騰出更多的時間去加強自己的寫作技能。

當時我覺得他好有魄力。正是靠這種不斷外包的思維模式，他非常專注地把自己的寫作技能磨練得非常厲害，現在一個月就會有十萬元人民幣以上的收入，連他的助手的薪資也漲到了月薪一萬元人民幣。

而不懂得把事情外包的人，就始終很難打開自己的格局。一個人如果整日埋頭在自己那堆煩瑣的事情當中，就無法抽身去做更加重要的事情，未來的發展也很難有更大的突破。

為什麼你發出的訊息，總是無人回應

你是否經歷過「在某個群組裡發了一則訊息，然後沒有任何人回應你」的尷尬時刻？即使你反反覆覆查看手機，也沒有看到任何人回覆訊息給你，你的自尊心因此受到了一萬點的打擊。

在工作場合中，我也經常會遇到類似的問題。有時我會在班級群組裡向學生發訊息，要求學生盡快繳交某一項資料，結果沒有一個人搭理我。

後來，我開始對這一問題進行反思，結合自己所看的相關書籍，總結出三點經驗，希望能幫助大家避免「提出請求後沒人願意搭理你」的尷尬時刻。

第一個經驗：提出的要求要明確

傑森是一家公司的主管。最近上級要來傑森所在的部門檢查工作，於是傑森馬上告訴手底下的員工露西和莉莉說：「請你們最近把自己所負責的工作做一個簡單的整理，並且做成文字資料，盡快交上來。」

大家覺得這項要求是否有問題？別著急，我們接著往下看。

收到通知後，露西第二天就繳交了資料。但是交上來的資料只有一千五百字，過於簡單，完全不符合傑森的內心預期，他只好退回去叫露西重新寫。

而過了三天之後莉莉還沒繳交資料，於是傑森就有點著急了，過去催莉莉：「不是讓你盡快交資料嗎？現在三天時間都過去了，怎麼還沒搞定？」

結果莉莉對傑森說：「主管，我所負責的工作千頭萬緒，哪能這麼快就整理好？您說盡快繳交，我認為能夠在一週的時間內交出來，就是我最快的速度了。」

下面我們來分析一下，為什麼傑森提出的要求沒有被很好地執行呢？原因是他在分配任務的時候，提出的要求相當模糊，容易讓人產生誤解。例如，什麼叫作「做一個簡單的整理」呢？寫多少字才算「做一個簡單的整理」呢？

還有，每個人對「盡快繳交」這個詞的理解也是千差萬別。對於一個急性子來說，盡快繳交可能意味著今晚就要馬上熬夜做完，然後第二天趕快交上去。而對於一個慢性子來說，盡快繳交則可能意味著在五個工作日之內完成就算盡快了。

可見，在職場上，當我們向下屬提出要求的時候，我們的要求一定要具體、清晰、明確。

第一，如果提出的要求和時間相關，一定要記得設定明確的時間點，而不要用模稜兩可的詞語，例如：「盡快」、「早一點」等，因為每個人對這些詞語的理解是不同的。

第二，在提出某項要求的時候，如果能夠量化的，就盡量量化；不能量化的，則要做到盡量明確。

例如，在要求下屬繳交某項文字資料的時候，在字數方面可以做明確的量化；但是在內容方面，則很難做出明確的量化。這個時候，可以透過向對方提示大致的綱要或者提供可以參考的範本來明確自己的要求。

第二個經驗：提出要求後讓對方給予及時的回應

小王是公司人力資源部剛剛上任的部長助理。為了方便上傳下達，他建立了一個微信群組，方便自己在群組裡傳達部長的一些指示、通告一些重要的資訊等。令小王感到困惑的是，每次他在群組裡發了訊息，很少有人回覆。但是因為群組裡的人大多比新上任的小王資歷還要深，或者至少和小王同級，所以小王也不敢多說什麼。

有一次，小王在群組裡發了一個關於要求大家在下週三之前提交年終考核資料的通知，結果有的人不僅沒有及時提交資料，還直接對人力資源部長說自己根本就沒有收到通知。

於是，人力資源部長就責怪小王工作疏忽。小王委屈地告訴人力資源部長，自己已經在微信群組通知過了。但是告狀的那個人反駁說，微信群組裡訊息太多，自己根本就沒有看見。

這件事之後，小王痛定思痛，改變了溝通方式。為了避免有人推諉賴皮，他每次在群組裡通知完訊息後，都會加上一句「收到請回覆」，要求大家給予及時的回應。

如果有的人一直不回覆，小王就會單獨發私訊給對方：「您好，我剛才在群組裡發了一則重要通知，不知道您是否看到了？因為擔心您沒看到，所以我再提醒您一下。如果您看到了這則通知，那麼麻煩您回覆『收到』兩個字就可以了。打擾您了，謝謝。」

按照這個流程執行了一段時間之後，群組裡幾乎每個人都會給予小王回應了，很少再出現某些推諉賴皮的情況。

當你向別人提出一項要求之後，請明確告知對方，你需要他及時給予回應，以便你掌握情況。否則，有的職場老油條就會趁機找藉口說自己根本就沒有收到這項要求，或者找其他藉口逃脫責任。

如果你透過發送訊息的方式向對方提出某項重要要求，記得在訊息最後加上一句「收到請回覆」。如果你透過發送電子郵件的方式向對方提出某項要求，可以在發送選項裡選擇「讀取回條」的功能，這樣就可以確認對方是否真正收到了郵件。

第三個經驗：提出要求時要顧及對方的心理需求

艾倫最近剛剛被提拔為公司的銷售主管。正所謂「新官上任三把火」，於是艾倫花了幾個晚上的時間，做出了一個部門的下半年工作計畫。沒錯，躊躇滿志的艾倫準備大幹一場。

在部門的第一次例會上，艾倫雄心勃勃地向在座的各位新舊員工宣布了自己的工作計畫。為了讓工作計畫更好地被執行，他還替部門的十一名員工每人都分配了一到兩項任務，並且請求大家要努力配合，爭取讓銷售部門的業績得到進一步提升。

然而，就在這次會議當中，有幾名老員工對艾倫的分工頗有微詞，並且當場就表示希望艾倫能夠做出一些調整。但是艾倫把這當成對自己權威的質疑，當場就給予了否定。

後來，一個月時間過去了，艾倫發現自己當時分配給大家的一些任務好像受到了集體抵制，很多工作都進展得非常不理想。有的人乾脆把艾倫分配的任務當成了耳邊風，置之不理。

這讓艾倫感到大為不解。為什麼自己做得這麼努力，卻無法激勵手底下的員工去配合自己做事情呢？

當我們向對方提出某項要求的時候，一定要注意顧及對方的心理需求。在上面的案例當中，艾倫在要求手底下員工配合自己發展工作的時候，根本就沒有考慮到員工的心理需求。

面對艾倫這位新上任的主管，員工們都渴望自己能夠得到尊重和重視，渴望自己能夠參與制訂部門的發展計畫。而艾倫在制訂部門下半年工作計畫的時候，根本就沒有徵求員工們的意見，只是一廂情願地制訂出一個自認為很完美的計畫。

在這個過程當中，員工們沒有體會到參與感，感受不到自己存在的價值，因此就會在心理上去抵制艾倫的新計畫。

當我們在向對方提出某項要求的時候，一定要注意顧及對方的心理需求。若你不知道一個人通常都會有哪些心理需求，可以參照馬斯洛的需求層次理論去分析。

根據馬斯洛的需求層次理論，每個人都渴望滿足自己以下五個方面的需求，從低層次的需求到高層次的需求依次為：生理需求、安全需求、愛和歸屬感的需求、受到尊重的需求以及自我實現的需求。

只有當你提出的要求能夠滿足對方的某一項心理需求的時候，才更加容易讓對方答應你所提出的要求。

總之，向別人提出要求是一項技術。如果我們肯花點心思鑽研一下這門技術，不斷改良自己提出要求的方式和方法，就會少生些悶氣，讓工作和生活都越來越順利。

一個唯唯諾諾的人，無法獲得深度的友誼

我的一位來訪者M，過來找我諮商的時候，渾身上下都充滿了怨氣。

M身材高大，但是不威猛，是那種走可愛路線的男生。M大學畢業沒多久，經常和工作單位中幾個年齡相仿的同事一起去吃飯。為了和同事打好關係，M經常主動掏錢請客。

很快，同事把M的這種主動掏錢的行為當成理所當然。每次吃完飯之後，幾個同事都會等著M付錢。然後，有的人會記得把自己的那份錢拿給M，有的人就忘了。或者，有的人覺得M好欺負，故意占M的便宜，假裝忘記把錢給M。

有一次出去吃飯，碰巧M手機行動錢包裡的餘額不足，就問身邊的一位同事S先幫忙付錢。沒想到S一臉不悅，竟然回嘴M：「為什麼這次讓我掏錢？我身上也沒有那麼多錢。」

聽到S這樣回答，M覺得又氣又惱，但是憤怒的語言到了嘴邊後又被他憋了回去。他傳了一則訊息給他的女朋友，讓女朋友轉一百元人民幣給自己，然後再一次付掉了飯錢。

那晚，M失眠了，他覺得既苦悶又壓抑。他恨自己性格唯唯諾諾，缺少霸氣。

從心理學的角度來分析，M之所以感到鬱悶，是因為他把本來應該朝向同事的對外攻擊，變成了對自己的向內攻擊。

在諮商室中，我和M做了一次角色扮演。我扮演那個不肯付錢的朋友，並鼓勵M把內心憤怒的語言表達出來。起初，M表達憤怒的聲音很溫柔，一點都不像在發怒。後來，在我的反覆「鼓動」下，M的聲音逐漸抬高，最終從胸腔吼出一句：「為什麼之前都是我在主動付錢，你卻如此小氣，這算什麼朋友！」

聽M喊出這一句之後，我頓時感到M在這一刻高大威猛了許多，馬上問M：「感覺怎麼樣？」

M說：「覺得心裡暢快多了。」

後來，我鼓勵M在社交生活中以一種合理的方式表達自己的攻擊性，該拒絕時拒絕、該表達憤怒的時候就表達憤怒。

大概三個月之後，我再次見到了M。M興奮地告訴我，他竟然和S成了好朋友！

原來M之所以害怕表達攻擊性，是因為他擔心自己在表達出攻擊性後，會破壞與同事間和諧的友誼。然而，M在該憤怒的時候不憤怒，反而被同事當成一個沒有界限的爛好人。

於是，大家都不把M當回事，忽略他的感受，快遞讓他代領、髒事累事都推給他做，總之，M在同事們心目中的位置越來越低，不斷受到他們的輕視。

後來，M懂得了去維護自己的界限，懂得了適當拒絕，在不開心的時候會選擇一種合理的方式表達出來，反而贏得了同事的尊重。

與此同時，當M勇於在同事面前表達自己的真實感受時，內心累積的很多怨恨也慢慢消散了，M覺得自己活得越來越灑脫。M身邊的同事也逐漸感受到他成了一個真性情的人，更願意和他建立深厚的友誼。

其實，這就是人際溝通的一個真相：一味地迎合別人、唯唯諾諾，只會維持一段表面看起來還不錯的友誼。這種友誼缺乏生機和活力，經不起任何風吹雨打。反倒是在人際關係中勇於展現真情實感、懂得維護自己界限的人，更加容易贏得別人的尊重、與他人建立起深厚的關係。

要想擺脫唯唯諾諾的處事風格，我們就需要鼓起勇氣做真實的自己。當我們以真實的自己和他人交往的時候，才有可能與他人建立深厚的關係。

很多人在人際溝通的過程中很擅長隱藏真實的自我，戴著面具與人社交。這樣的人際溝通是非常耗費心理能量的，同時也無法出現心與心的交流和碰撞。因為真正深厚的關係，只會發生在兩個勇於展示真實自我的個體之間。

一個人如果想要克服唯唯諾諾的性格，帶著真實的自我去社交，做到以下三點特別重要：

一、不要總想做一個完美的人

我很喜歡一位CBA（中國職業籃球聯賽）的籃球運動員——郭艾倫，倒不是因為他被譽為「亞洲第一控衛」，而是因為他所表現出來的真實的自我。

當有記者詢問郭艾倫是否有信心拿到CBA常規賽的「最有價值球員」的時候，他一臉嚴肅地回答：「是不是CBA最有價值的球員我不確定，我唯一確定的是，我是CBA最可愛的球員。」

中國有句古話，「人無疵不可與交，以其無真氣也」。這句話的大意為，假如一個人看起來沒有任何缺點，那麼說明這個人相當善於偽裝自己，不值得交往。

有的人，總是想在別人面前展現自己最完美的一面，因而不得不戴著面具生活，活得特別累。假裝自己很完美，不僅會使自己常常生活在焦慮當中，同時又會讓自己與別人產生距離感。

即使自己不完美，喜歡你的人還是會喜歡你，不喜歡你的人遲早都會離你而去，所以也不必惋惜。

二、保持適當的「攻擊性」

請不要誤解，這裡所說的「攻擊性」，不是指讓我們去故意攻擊別人，而是指要活出生命本身的活力。

仔細想想看，你身邊是否有這樣的人：他們對誰都不敢表露批評的意見，總是「你好、我好、大家好」。這樣的人看起來人緣很好，但是唯一的缺憾是，他們會逐步喪失生命的活力，無法與別人建立深厚的關係。

和我要好的朋友，都是那些可以互相釋放「攻擊性」的朋友。在要好的朋友面前，你可以活得很放鬆，可以「互損」或者「互嗆」，不必擔心說錯一句話就會帶來什麼可怕的後果。

其實，每個人都有「攻擊性」的一面，而「攻擊性」的一面其實就是我們真實的一面。

三、懂得維護自己的界限

唯唯諾諾的人，往往害怕拒絕別人，他們擔心自己的拒絕會破壞人際關係的和諧。同時，唯唯諾諾的人也是缺乏安全感的人，他們企圖透過對別人無底線地好，來換取別人對自己的同等待遇。

然而，現實情況並不會按照這個邏輯發展。當一個人對別人無底線地好的時候，其實就是在向別人昭示：我是一個沒有界限的人。如此一來，沒有界限的人就很容易受到別人的輕視，因此也容易對別人生出很多怨恨之情。

我們維護自己的界限，實際上就是要在「對別人好」和「對自己好」之間達成一種平衡。回到M的案例中，他可以請客吃飯，但不必每次吃飯都自掏腰包。如果這次不是輪到自己掏錢，那就溫柔地堅持讓別人掏錢，而不要委屈自己去迎合別人。

你維護自己的界限，在開始的時候會讓對方產生一些不快、失望的情緒。但時間久了，**懂得維護自己界限的人，會受到更多的尊重**。

不信？你可以試試。

做一個聰明的付出者，才不會讓人生充滿怨氣

小D在公司裡面總是扮演著一種無私的付出者形象。任何人提出的請求，他都不敢輕易拒絕。從幫同事解決電腦技術問題到幫同事帶午飯，從幫同事代收快遞到幫同事值夜班，他無所不「幫」。總之，公司裡面的人一旦遇到一些需要幫忙的小事情，都很容易想起讓小D代勞。

大家都誇小D愛奉獻、人品好。在大家的齊聲誇讚下，小D發現拒絕別人的請求變得非常艱難。這種齊聲的誇讚，好像變成了奴役小D的一種工具。

小D是個上進青年，每天早上都早起讀書。但是為了維持自己的「好好先生」形象，他誰也不敢得罪，不得不拿出很多寶貴時間用來幫助別人。時間久了，小D開始對身邊的人充滿怨氣。

還有，小D因為特別害怕與別人產生對立關係，所以他討厭與人競爭，公司內部

的好幾次職位競聘，他都主動放棄了。

有一次，公司海外辦事處的職位有一個空缺，小D非常想得到這個職位，但是他得知好兄弟小M也想競聘這個職位，瞬間就失去了贏得這個職位的信心。雖然他鼓起勇氣參加了競聘，但是整個競聘過程他都不在狀態，因為不敢用盡全力。最終，小D再一次錯失了事業發展的良機。

之後很長的一段時間裡，小D都感到心情憂鬱，還經常失眠，於是偷偷跑去看心理醫生。心理醫生對他說了很多話，有一句話他記得特別清楚：憂鬱往往源自對憤怒情緒的長期壓抑。

其實，小D每次把自己的利益放一邊、去為別人過度付出的時候，他的內心都會懷有憤怒情緒。但是為了不讓別人失望，同時為了維持自己的「好好先生」形象，小D每次都會壓抑自己的憤怒情緒去迎合別人，時間久了就產生了心理問題。

其實，完全不顧自己的利益的過度付出，時間久了不僅會透支一個人的付出熱情，進而導致心理問題的產生，還會讓一個人在職場發展中遭遇瓶頸。

《給予：華頓商學院最啟發人心的一堂課》一書提到這樣一項研究結果：「（過度）付出者在成功的階梯上處於墊底的位置。在各種重要的職業中，（過度）付出者處於劣勢地位。他們幫助別人發展得更好，但在這個過程中犧牲了自己成功的可能性。」

其實無論是在職場中，還是在婚姻、親子關係中，過度付出都是一種廣泛存在、危害各種關係健康發展的現象。

過度付出，除了會阻礙一個人在職場的健康發展，還有以下危害：

一、過度付出，阻礙了人際關係的可持續發展

在健康的人際關係當中，一個人的付出和收穫之間應當達到一個平衡。而過度付出者只強調付出，卻很少有收穫，這打破了人際關係之間的平衡。

時間久了，過度付出者會覺得自己總在吃虧、心裡很不爽，而接受付出的另外一方則會產生一種愧疚感和迴避感，從而導致人們很難與過度付出者之間建立起持久而又深厚的關係。

此外，人們往往也會習慣性地輕視一個過度付出者，從而不利於彼此關係的健康發展。比如，人們會這樣考慮：既然過度付出者自己都不把自己的利益當回事，我們幹嘛要去在乎他的利益？

二、過度付出不是在表達愛，而是在隱藏恨

過度付出者，在向別人付出的時候，內心往往裝的不是愛，而是恨。他們恨別人

提出的要求太多，同時又恨自己無法停止去付出和討好。

有一次，我花了好長時間去安慰一個心情不好的朋友，甚至耽誤了自己的很多事情。然而朋友一直滔滔不絕地說，沒有注意到我繁忙的排程，也很少聽我的意見，但是又想讓我一直陪在他身邊。

中間有好幾次，我都想終止談話，告訴這個朋友我有事情要去做，但是最終我都忍了回去。之所以開不了口，是因為我害怕傷害朋友的感情。

當天晚上，我做了一個夢，在夢中我向這個朋友大發脾氣，質問他為什麼不考慮我的感受。醒來後我才發覺，在現實世界中我因過度付出而隱藏了太多的負面情緒。

我們知道，（過度）付出者是最有可能在成功階梯上墊底的人。那麼，哪種人是位於成功階梯頂端的人呢？是那些只關注自身利益的獲取者，還是那些強調互惠關係的互利者？

答案其實依然是付出者。

《給予：華頓商學院最啟發人心的一堂課》中有一項研究指出：「即使排除了智力因素，付出者的銷售業績依然超過了互利者和獲取者。付出者的年度銷售額平均要比互利者高百分之三十，比獲取者高百分之六十八。」該研究發現，除了銷售行業，在其他行業當中，付出者也更加容易獲得成功。

但是需要明確的是，容易獲得成功的付出者是聰明的付出者，而非過度的付出者。**聰明的付出者，他們最顯著的特點就是「利他且自利」**。

他們會努力幫助別人，但是會量力而行，同時也會考慮自己的利益；他們會盡全力去幫助朋友，同時在朋友回報他們的時候，也會欣然接受；他們擁有更多、更廣的人脈資源，因此更加容易獲得事業上的成功。

那麼，如何成為一個聰明的付出者呢？我覺得以下三點特別重要：

一、與人為善，但同時也要擦亮雙眼

聰明的付出者，在與陌生人打交道之前，都會假設這個人是一個值得交往的人，會盡全力去幫助這個人。

但是，如果有明顯的證據可以表明，這個人只是一個僅僅關注自身利益的獲取者、一個從來都不懂得回報的「白眼狼」，那麼聰明的付出者就會盡快轉換交往策略，不再一味地付出。

二、學會拒絕，但同時也會提供備選方案

一個習慣性過度付出的人，往往是一個內心缺乏安全感的「爛好人」。他們之所

以不敢拒絕別人，是因為他們覺得如果拒絕了別人，就會傷害彼此之間的關係。於是，他們總會委屈自己去討好別人。

而一個聰明的付出者往往會這樣考慮：你可以提要求，我也可以拒絕。我暫時不能夠幫到你，並不會影響我們的關係，同時我也會想其他辦法去彌補。例如，等我忙好手邊的事再去幫你，或者請其他人來幫助你。

三、樂於助人，但同時也懂得合理分配時間

一個聰明的付出者，首先是一個樂於助人的人，其次他也懂得如何保護好自己的時間不被過度侵犯，合理分配自己的時間去幫助別人。

有一段時間，我的日常工作經常被打斷，因為有不少對心理學感興趣的同學喜歡來找我探討人生，後來我想了一個辦法解決這個問題。我建議想要聊人生的學生，如果不著急的話，就在週五上午集中過來找我。

這樣一來，透過合理分配時間，我就可以集中去付出，同時又不會每天都耽誤自己日常的工作了。

總之，付出是一件特別好的事情。但是，我希望你不要成為一個過度的付出者，而要做一個聰明的付出者。

chapter 5

生活迷茫：我是誰，我該去向哪裡

如何走出「窮忙族」的迷局

我的好朋友志剛，今年三十二歲，在參加完同學畢業十週年聚會之後，感覺心裡不是滋味。因為他覺得自己雖然在過去的十年裡一直很努力，但是和很多事業有成的同學相比，好像已經被遠遠地甩在了後頭。

早在讀大學的時候，志剛就是同學們眼中的風雲人物。他是學生會的副主席，會彈吉他，能說一口流利的英語，還經常拿到獎學金。大學畢業後，志剛選擇到上海繼續攻讀研究所。研究所畢業後，他幸運地得到留校機會，並且輕鬆找到了工作。

志剛在大學做行政工作。他非常能吃苦，工作起來任勞任怨。在工作七年之後，他被提拔為學生宿舍管理科的科長，月薪也終於過萬元人民幣了。不過在上海這樣的大城市，過萬元人民幣的月薪頂多算溫飽程度。尤其在結婚之後，志剛每個月除去五千多元人民幣的房貸和日常開銷，手裡的錢所剩無幾。

而反觀那幾位做得很好的同學，志剛心理上很不平衡。當時讀大學的時候，這幾個人並沒有自己優秀，而現在這幾個人個個做得風生水起。例如，小青已經成為一所大學的副教授和碩士生導師，大華已經成為一家上市公司的中階主管，萬強已經在政府機關做到了副處長，阿豪已經成為年薪過五十萬元人民幣的金融界菁英。

在一次聊天的時候，志剛把他參加同學聚會的經歷講給我聽，並且有些憤憤不平地向我抱怨道：「都說『一分耕耘，一分收穫』，可我覺得自己畢業這些年一直都滿努力的，怎麼就沒獲得太大的成就呢？你看看，到現在我還在溫飽線上掙扎，真的覺得自己快要淪為『窮忙族』了。」

「你幫我分析一下，為什麼我這麼努力，最終卻變成『窮忙族』了呢？」志剛有點洩氣地說道。

我特意在網路上查了一下，「窮忙族」這一說法來自英文單字「working poor」，原意是指那些薪水不多，整日奔波勞碌，卻始終無法擺脫貧窮的人。

概括來說，「窮忙族」有以下三個心理特點：

一、對個人未來的發展缺乏長遠的規畫

在和志剛交談的過程中，我發現他身上存在一個很大的問題，就是對未來缺乏長

遠的規畫。因為對未來缺乏一個長遠的規畫，所以他大部分時間都在隨波逐流地做事——主管安排什麼工作，他就做什麼工作。雖然他在工作時表現得很努力，但是內心卻經常感到很無力。

俗話說：「窮人思眼前，富人思來年。」「窮忙族」在思維方式上存在的一個重要問題，就是他們把太多的注意力都放在了眼前，卻很少拿出時間為未來考慮。對於「窮忙族」來說，他們更加關心和注意的是這個月是否會多發幾百元人民幣的薪水，而不是在幾年之後自己透過有計畫地提升自己晉升到理想的職位，或去做自己真正想要做的事情。

二、用低品質的勤奮來感動自己

志剛曾不只一次地跟我說：「在大學做行政工作很累，但是薪水卻很低。」根據志剛的描述，他的工作無非是收發通知、幫助學生辦理一些常規性的事務、完成上級交辦的一些其他事務等。因為這些事情基本上屬於相當瑣碎的事情，沒有太多的技術可言，所以志剛經常會有一種大材被小用的感覺。

志剛曾跟我說：「我覺得目前我所做的工作，找一個大學畢業生來做就足夠了，找一個碩士來做，完全是人才浪費。況且，我們單位的薪水還很低。」

「說實話，根據你的工作內容和性質，我覺得目前你所拿的薪水都有點多了。」我非常冷靜地說。

雖然工作無貴賤之分，但是薪資卻有高低之分。一個人薪資的高低，本質上是由他所做事情的重要性程度或者可替代性程度決定的。如果一份工作的可替代性很強，就說明這份工作的門檻很低，很多人都可以輕鬆勝任，薪資肯定不會高到哪裡去。

反之，如果一個人所做的事情具有很強的不可替代性，同時又具有很高的社會價值，那麼他的薪資收入一定非常可觀。比如，我身邊的朋友當中，有的人是資深的諮商心理師。他經過數十年的學習、成長和諮商經驗的累積，現在每小時收費最低一千元人民幣，而且需要提前半年才能預約到他的諮商。

如果我們不去花時間提升自己的價值，一直著力去做那些低水準的重複性勞動，那麼不管我們多努力，這種努力都會被歸為「低品質的勤奮」，難以幫助我們甩掉「窮忙族」的標籤。

三、把走出舒適圈看作一件特別危險的事情

志剛告訴我，曾經有一家民營企業的老闆看重他的社交能力，想要挖他去做大客戶經理。得知這個機會後，志剛興奮了一夜沒睡，但是很快他的腦海中又充滿了各式

各樣的疑慮。他開始擔心，在這家民營企業工作不如在目前的單位穩定，又擔心這家民營企業有倒閉的風險等。

對於害怕走出舒適圈的人來說，他們在潛意識當中經常會認可這樣一個觀念：熟悉的東西未必是舒服的，卻比冒險探索未知安全得多。

與此同時，害怕走出舒適圈的人嘴邊經常掛著的一句話就是：「萬一……該怎麼辦？」例如，「萬一我換一個自己真正感興趣的工作，而開始的時候薪資比現在低，該怎麼辦？」「萬一我踏入一個新的領域，各方面都混得不如意，身邊的人都嘲笑我，該怎麼辦？」

這些「萬一」會將害怕冒風險的人緊緊地圈在舒適圈，讓其淪為安全感的奴隸，最終使他們將「窮忙」進行到底。

那麼，我們究竟如何做才能走出「窮忙族」的迷局呢？以下三點特別重要：

一、為自己設定一個五年以上的目標

中國會制訂國民經濟和社會發展的五年規畫，從而為國民經濟的長遠發展規定目標和方向。作為個人來說，我們也應該為自己制訂較為長遠的計畫，從而站在更高的位置去俯瞰人生。

雖然很多年輕人每天很努力，整日忙忙碌碌，但是他們缺少對自己較為長遠的規畫，最終很容易變得碌碌無為。比如，有的人今天還在準備考某個英語證書，明天又急急忙忙參加一個會計師的培訓課程，後天又心血來潮開始報名心理學科系的自學考試。這種整日忙碌的狀態會讓自己很疲憊，但是這些忙碌卻很難形成合力，時間和精力都被白白消耗了。

請問，你的下一個五年目標，將會是什麼呢？

二、再忙也要擠出時間用於個人提升

長久以來，我養成了一個習慣：越是在自己特別忙碌的時候，越是要嚴格要求自己，務必要擠出時間來看書和學習，從而使自己的價值不斷得到提升。因為我深信：只有不斷地提升自己，才能有更多的機會走出「越窮越忙、越忙越窮」的惡性循環。

我們每天都有三個八小時可以利用。第一個八小時工作，第二個八小時睡覺，怎樣利用第三個八小時往往決定了人與人之間的差距。「窮忙族」往往會把睡覺之外的時間全部用於具體事務的忙碌，而忘記為自己的學習與提升留出時間。

能夠走出「窮忙」迷局的人，非常善於運用睡覺和工作之外的八小時去做一些能夠提升自己價值的事情。例如讀書、參加培訓課程、學習一項新技能、擴大社交圈等，都是對自己的長線投資，是擺脫「窮忙」的必經之路。

三、用「不斷去成長」的思維模式來面對失敗

我們可以根據人們面對失敗的不同態度，將其劃分為兩種不同的思維模式。一種思維模式是「一局定勝負」模式，另一種思維模式是「不斷成長」模式。

採用「一局定勝負」思維模式的人，他們之所以害怕走出舒適圈，是因為其內心深處害怕失敗。他們將失敗看成是永久的，並且認為失敗是對自己能力的徹底否定，因此，他們總是千方百計地停留在舒適圈，避免失敗的發生。

而採用「不斷成長」思維模式的人，他們樂於去冒險，即使遭遇失敗也不會悲觀洩氣，因為他們相信失敗是暫時的，同時他們可以從失敗中學到很多東西。對於擁有「不斷成長」思維模式的人來說，失敗只不過是對他們採取行動的一種回饋——如果一種方式行不通，那就換另一種方式去試試，直到成功為止。

總之，要想撕下「窮忙族」的標籤，我們就應當用「不斷成長」的思維模式來武裝自己，嘗試新的可能性，然後在不斷地試探中找到最適合自己的發展方向和發展方式，從而使自己越變越強大。

我們應當有一個夢想，然後慢慢去實現它

提起伊隆．馬斯克，很多人都知道他是特斯拉和 SpaceX（美國太空探索技術公司）的創始人。或許還有人聽說過，他還計劃在洛杉磯的地底下挖一條隧道。

但是很多人不知道，無論是研發電動汽車、發射火箭，還是挖地下隧道，都只不過是他宏大夢想當中的一個小小的組成部分而已。他的最終夢想只有一個——把一百萬人送到火星去生活。

乍一聽到這個夢想，很多人都會覺得匪夷所思，甚至猜想這個夢想有點像「玩概念」，他的真實目的只是想在資本市場賺更多的錢。

然而，如果對馬斯克做進一步深入詳盡的了解，你會驚奇地發現：其實，馬斯克正在極具耐心地下一盤大棋——他正在透過自己一步步腳踏實地的努力，讓他的夢想離現實越來越近。

《羅輯思維》（中國一個網路知識型影片脫口秀）的一集節目，曾特別針對馬斯克如何讓夢想落地的過程進行抽絲剝繭般的分析。

首先，馬斯克為什麼要做電動汽車？因為火星上沒有氧氣，能源只能是取自太陽能，所以發展電動汽車可以為今後在火星上的交通和生活做好充分準備。

其次，馬斯克還專門成立了一家公司，在美國好幾個城市的地底下開挖高速交通軌道，這也是在為今後火星上的交通做預演。

最後，至於發射和回收火箭，馬斯克的初衷是為了降低「把人類送上火星」這個項目的營運成本。這個不難理解，如果可以回收火箭，那麼發射火箭的成本就只剩下燃料成本了。

總之，馬斯克的厲害之處在於，他一直在努力，透過自己的具體行動讓夢想一步步走在了現實的路上。

看到這裡，也許你會說：「作為一個心理學的老師，為什麼你卻在這裡一本正經地講起了商業案例？」

其實，寫這篇文章的本意，是為了探討夢想的價值以及如何讓夢想落地。

馬斯克曾經在一個採訪中說道：「我認為一個人每天早晨醒來的時候，應當有活下去的興趣。你需要搞清楚，自己為什麼要活著。我覺得，如果人類不能去火星、不能成為跨行星的物種，那麼將會特別令人失望。」

「人為什麼要活著」的確是一個十分重要的問題。搞清楚這個問題的人，會熱情地投入到生活和工作當中，充滿活力。搞不清楚這個問題的人，每天總是在無聲的絕望中煎熬著，感到身心俱疲。

在正向心理學中，「人為什麼要活著」其實就是在探討人生意義的問題。根據幸福的最新理論，人生的「意義」是「幸福」的構成要素之一。正向心理學之父馬汀・塞利格曼認為，所謂「意義」，是指歸屬並服務於比「自我」更大的事物。而「夢想」，就是這樣一種事物。當一個人為了夢想拚盡全力的時候，人生就充滿了意義。

正如瑞・達利歐在《原則：生活和工作》中所說的一樣：「在我看來，生命中最美好的事情就是實現夢想，追求夢想讓生活有了韻味。」

然而，在日常生活中，很多特別重要的道理，由於被提及的次數太多，反而會顯得過於普通，進而導致人們忽視了這些道理的原本價值和真正意義。

比如，這篇文章所講的道理，我們應當有一個夢想，並且為這個夢想拚盡全力，人生才有意義。這個道理也經常被人們所忽視。因此，成千上萬的人，被生活慢慢耗盡了熱情，每天在無聲的絕望中煎熬著。

不知你有沒有發現，那些真正成功的企業家，就像馬斯克一樣，很少去談論如何賺大錢，而總是把如何去實現夢想掛在嘴邊。

比如，馬雲的夢想是，讓天下沒有難做的生意。正是因為這個夢想的存在，才會讓一個五十多公斤的肉身迸發出巨大的能量，影響了中國整個網際網路的發展。

萬通集團董事長馮侖在《理想豐滿》一書中寫道：「我們是追求夢想，順便賺錢，而不是追求金錢，順便談談夢想。有朋友問我：『二十多年來，每天睡那麼晚，那麼早起，還這麼興奮，你怎麼有這麼大的幹勁呢？』其實這就是夢想在發力，它會讓你覺得生命有意義。」

在構思這篇文章的時候，我想到了自己的夢想。

我的夢想之一，就是能夠寫出一本真正意義的暢銷書。而且，這本書應當是一本深度解讀人性的心理學專業書籍，可以幫助很多人解答心理方面的困惑。

這個夢想的存在，幫我度過了很多至暗時刻。每當我遇到困難和挫折的時候，我都會努力嘗試把這些痛苦的時刻看成試煉內心的絕佳機會，然後透過學習心理學的知識和不斷地自我反省來治癒自己，以實現心靈上的成長。

這個夢想，也讓性格原本內向的我鼓起勇氣去和形形色色的人打交道，讓我沉下心來去傾聽別人的故事，從而得到更多的機會去洞察一個人的內心。總之，夢想的存在，讓我的人生煥發出了活力。

人人都知道，隨便說出一個夢想很容易，關鍵是怎樣做才能讓夢想落地。馬斯克的厲害之處在於，他不僅有一個偉大的夢想，而且能夠透過切實可行的計畫讓夢想一步步變為現實。比如，他在不同的領域分別創立了幾家不同的公司，透過漸進式的努力達到他的最終目的。

寫到這裡，我忍不住問自己：如何才能讓「出版一本心理學方面的暢銷書」這個夢想落地？

毫無疑問，我要一本一本地去讀心理學專業書籍，一個一個地去累積大量的心理諮商案例，一篇一篇地去寫心理學專業方面的文章。這些都是逃不掉的修練。此外，我還要有每天進步一點點的心態，朝著夢想不斷邁進。

到目前為止，我已經出版了三本心理學的通俗讀物，第一本書的銷量超出了預期；第二本書起印量也不低，而且上市不久就開始加印；第二本書和第三本書的版權還輸出到泰國。但我覺得，這些小小的成就，離我真正想實現的自己人生價值的夢想還有很大的差距。

好在前面三本書的出版，讓我累積了足夠多的經驗，讓我距離成為暢銷書作者的夢想越來越近。

首先，透過出版三本書，我收集到了大量讀者的回饋，因此更加了解讀者的心理和痛點。這樣在今後的寫作過程中，我就會在內容創作上有一個更準確的把握。

其次，在和圖書公司、出版社反覆溝通的過程中，我更加懂得，在這樣一個酒香也怕巷子深的時代，應當如何去推廣一本書。

最後，我知道自己已經走在了實現夢想的路上。雖然這個過程可能會進行得相當緩慢，也會很不容易，但是只要相信自己最終會到達夢想終點站，心裡就會變得無比踏實。

感謝馬斯克這個想要把人類送上火星的男人，讓我看到了夢想的力量，以及懂得了如何極具耐心地讓夢想向現實慢慢靠近。

親愛的讀者朋友，你的夢想又是什麼呢？

我們是如何弄丟自己的興趣的

作為一個心理學的愛好者和傳播者，我每次上完幸福課，或者做完某場心理學講座後，就經常會有人跑過來告訴我，他對心理學很感興趣，想知道如何更加深入地培養這個興趣。

通常，我會告訴過來諮詢的同學，如果你真的對心理學感興趣，那就先從自己生活中某個感興趣的問題入手，去讀一些心理學方面相關的書籍，然後學以致用。

比如，如果你總覺得自己過分苛求完美，很容易在生活中感受到焦慮和壓力，那麼我建議你去讀讀《99分：快樂就在不完美的那條路上》、《接納不完美的自己》、《脆弱的力量》等書籍。當你嘗到「可以用心理學知識來解決現實問題」的甜頭之後，你對心理學的興趣就會變得日趨濃厚，學習心理學的動機也會日趨強烈。

一旦有了強烈的學習興趣和學習動機，無論你是想進入心理諮商行業，還是僅僅想要透過學習心理學方面的知識改變自己的生活，都將是水到渠成的事情。

然而，我的這個解答經常會令提問者感到不太滿意。很多提問者在聽完我的解答之後，會略顯心急地繼續追問：「老師，我該怎樣才能更快地拿到諮商心理師的資格證照呢？」或者，「老師，我想跨科系考心理學系的研究所，您覺得可行嗎？」

其實，我不太贊成一上來就透過考證照或者考研究所的方式來發展自己對心理學的興趣，主要基於兩點考慮：第一點，我覺得上述兩種方式太過急功近利，欲速則不達；第二點，這些刻意追求外在獎勵（考證照、考研究所）的學習方式，反而會讓一個人對心理學的興趣更快地被扼殺在萌芽期。

為什麼說外在的獎勵會弱化內在的興趣呢？其中的道理，在下面的故事中可以得到充分體現。

在美國，一位老人的家門口有一片公共的草地，老人原本最喜歡的事就是坐在草地上曬太陽。然而，這段寧靜的時光很快就被打破了，因為一群小孩發現了這片綠油油的草地，並且開始每天到這片草地上踢球玩耍，非常吵鬧。

老人很想把小孩們趕走，但畢竟這是一片公共草地，於是老人就想了一個辦法。一天，老人對玩耍的小孩們說：「小朋友們，我這個人非常喜歡熱鬧，你們明天一定要繼續過來玩啊。只要你們過來玩，我就會給你們每人一美元。」

第二天，小孩們如約出現，老人給了小孩們每人一美元，小孩們都很高興。如此幾天之後，老人又對小孩們說，「以後你們過來玩耍，我不能再給你們每人一美元了，只能給你們每人五十美分。」小孩們聽完雖然不高興，但是還是接受了。

又過了幾天，老人對小孩們說：「從今往後，你們過來玩的時候，我最多只能給你們每人五美分了。」小孩們聽了之後，生氣地對老人說：「五美分太少了，我們以後再也不過來玩了。」就這樣，老人如願以償。

老人之所以能夠成功地掌控小孩們的行為，是因為他將小孩們踢球玩耍的內部動機（為興趣而踢）變為了外部動機（為金錢而踢）。雖然小孩們踢球的內在興趣是老人無法控制的，但小孩們踢球的外部獎勵（給小孩多少錢）是老人可以控制的。

最終的結局就是，小孩們不再來草地上踢球，老人重享寧靜的時光。

從這個故事中我們可以悟出這樣一個道理，過度地追求外在的獎勵會弱化一個人的內在興趣。

我們做一件事情，當開始變得更加在乎外在獎勵的時候，也就意味著我們正在逐漸喪失做事情本身所能得到的樂趣。

我們帶著上述故事的啟示，再次回到「如何更好地培養學習心理學的興趣」這個問題上。

想想看，一旦我們開始急於考證照或者考研究所，在學習心理學知識的時候，我們所參照的標準就很容易由內在興趣變成外在獎勵。具體來說，我們會帶著一顆功利心去看那些對考試有用的心理學知識，而不是看那些我們真正感興趣的知識。時間久了，我們就會慢慢喪失對心理學的興趣，最後即使通過了考試或者拿到了證書，我們對心理學的興趣和熱情也會一點點消失殆盡。

我自己就有類似的經歷和體會。當年大學入學考填志願的時候，我根據自己的興趣選擇了心理學系。然而，「把心理學當成一門專業去學習」和「把心理學當成一個業餘興趣去培養」，是兩件完全不同的事情。

把心理學當成一門專業去學習，需要按照學校的培養計畫去學習心理學知識。這就意味著，我要在學習的過程中硬著頭皮啃很多枯燥的理論和知識。我至今還記得，在上《普通心理學》這門課程的時候，我花了很長時間才搞明白兩個心理學專業詞彙「感情」和「情感」的區別。

由於所學的這些知識沒有辦法馬上運用到現實生活中，我對心理學的興趣開始下降。慢慢地，考試過關開始成為我學習的主要動機。

當然，我完全可以利用業餘時間去讀一些自己真正感興趣的心理學書籍，重新找回對心理學的興趣。但當年讀大學的我，醉心於參加各種社團活動，根本沒有時間發展心理學方面的興趣。

直到工作以後，為了更好地解決自己在生活中遇到的各種心理問題，我才開始大量閱讀心理學書籍，尤其是正向心理學方面的書籍。在學以致用的過程中，我逐漸體會到了心理學的魅力，重新愛上了心理學這門學科。

我想說的是，無論你是對心理學感興趣，還是對其他某樣東西感興趣，都千萬別因為過分在乎外部的獎勵而弱化了自己原本的內在興趣。

這也是為什麼很多職場前輩會提醒大家，當你把興趣當成職業的時候，千萬要倍加小心。因為一個人一旦把興趣當成職業，就很容易因盲目追求外在的東西（如金錢、職位等）而慢慢喪失做這件事情本身所能體會到的樂趣。

人們經常會有類似的疑問，不知道自己的興趣是什麼，好像自己對什麼事情都提不起興趣。

在漫漫的人生旅途中，我們都曾經對某一樣或某幾樣事物產生過濃厚的興趣。但是，**很多人由於過於看重外部的獎勵，最終卻把自己的興趣弄丟了**。

比如，有的人曾經對彈鋼琴很感興趣，但是自從決心參加鋼琴等級考試之後，考試成功的獎勵淡化了他對彈鋼琴本身的興趣。他夜以繼日地刻苦練琴，只是為了能夠早日考試成功，隨之而來的便是考試的壓力和急於達成目標的急切心情。從此以後，這個人便沒了彈鋼琴的興趣，很難再坐在鋼琴面前盡情享受彈鋼琴的樂趣了。

再比如，有的人對學習英語很感興趣，但是自從決心拿到某個難度超高的英語口譯證書之後，便只專注於對考證書有用的英語學習資料，一遍又一遍地去做各種歷年試題和模擬題，結果對學習英語的樂趣就這樣一點點被消耗沒了。他們每次學習英語感受到的都是考試的壓力，而不是學習英語的樂趣。

所以，我們要想找回自己的興趣，必須先擺脫自己的功利心，防止因過度追求外在的獎勵而丟掉了自己的內在興趣。

有時候，我們需要不斷地提醒自己：**做自己感興趣的事情，本身就是一種莫大的獎勵**。

沒有完美的工作，但是我們可以練就完美的心態

一個朋友最近花了一個月的時間去談一個很大的專案，然而，這個專案最終沒有談成。他覺得很受打擊，一點成就感都沒有。

我們晚上一起出去吃飯。他對現在的工作充滿了抱怨，情緒發洩得差不多了，他忽然靈機一動，問我：「你覺得如果我辭職去開一家蛋糕店，會成功嗎？」

按照常規公式，我可以不負責任地給他灌雞湯，胡亂應付他說：「我相信你，肯定能成功。況且，人生在世，最重要的是開心。你就活得隨性點，不要在現在的公司受委屈了。」然而我知道，這種「好人式」的安慰，最終只會讓他「死」得更慘。

當工作不順心的時候，一個人很容易就會想到去換一份工作，指望著靠換工作解決當下的問題。但從本質上講，這一切，都只不過是在逃避問題。

一位朋友的初戀女友，曾經是大學裡的校花。畢業之後，女孩留在了一個小城

市，在政府部門工作。而我的這位朋友，則來到了上海讀研究所。

這段異地戀維持了不到半年時間，就匆匆地畫上了句號。

後來，朋友的前女友覺得小城市的圈子太小、人際關係太複雜，同時，工作上，他也經常挨主管責罵，找不到任何成就感。於是，朋友的前女友下定決心辭職，離開家鄉到上海打拚。

在上海一位親戚的幫忙下，他在商場裡租了個店面，開了一家餐廳。「替自己打工」，聽起來真不錯。

然而，等到朋友聽到消息去見前女友的時候，忽然發現前女友好像瞬間老了十歲，朋友感到很心酸。過度的操勞、精神上的壓力、對未來的擔心，讓前女友的臉上擠不出任何笑意。

他說，他每天早上不到五點就要起床，去市場購買新鮮的食材，每天晚上十二點才能收拾完店裡，盤點完一天的進帳，他覺得好累。

他告訴我的朋友：「本來以為自己從小地方來上海，將會是一個華麗轉身，沒想到，竟是從一個小坑跳到了一個大坑裡。」

當然，我相信，隨著時間的推移，朋友的前女友的生意可能會慢慢走向正軌。他可能會多雇幾個員工幫忙，很多事情會越做越省力。但是，這個痛苦的起步過程，需要他獨自去承受。

開一家餐廳、蛋糕店或者一家咖啡廳，在很多女性的眼中是一件很文藝甚至很美的事情，好像是逃避當下枯燥乏味工作的終極歸宿。

但是，開一家小店需要經歷的艱難和困苦，卻往往被大多數人輕描淡寫了。比如，前幾天的一個晚上，我和幾個朋友在一家新開的餐館吃飯。這時，年輕的老闆拿著一瓶啤酒到每個包廂敬酒，他一臉的苦笑。原來，他的這家餐館剛剛開業，經營得並不理想，希望我們今後多來光顧。敬完酒，他還惆悵地說道，這個月，他虧了二十多萬元人民幣。

接近十年的職場經歷和心理諮商經驗告訴我，這個世界上根本就沒有什麼完美的工作。因此，我們要學會接納工作的不完美，然後透過對自己心態的不斷修練，將不完美的工作看成完美的工作。

我有一個非常優秀的學生。他是海外名校研究所畢業，最近也辭職了。雖然原來那家公司的待遇很不錯，老闆也很重視他，但是他覺得自己在這家公司的成長空間實在太小，專業技能很難有所提升。

他想找一家大一點的公司，同時也希望這家公司給自己的成長空間大一點、薪水也不能太低。辭職之後，他接到了很多公司的面試邀請，但是沒有一家公司可以滿足他的所有條件。

抱著苛求完美、不肯將就的心態，他遲遲沒能入職新的工作單位。然而，隨著時間的逐漸推移，原本優秀的他開始陷入了一種自我懷疑的狀態，心情很鬱悶。

我告訴學生：「**沒有完美的工作，但是有完美的心態。**」

所謂完美的心態，是指能以一種成長的心態看待工作和生活中的不完美。也就是說，我們可以將完美的工作當成一項終極的追求，以此為動力督促自己不斷努力，而不要因為苛求當下的工作必須完美，而讓自己生氣焦慮、限制住了自己。

我給學生的建議是放棄苛求完美的心態，確定自己最重要的訴求，然後適當放棄那些不重要的訴求。

例如，選擇一份成長空間大但薪水稍微低一點的工作。因為我相信，隨著學生能力的不斷提升，薪水肯定會不斷上漲。

心理學家阿德勒曾經說過，工作、生活和愛情，都是一個人心態的試金石。如果一個人在工作、生活和愛情中總是遇到問題，就說明這個人的心態還不成熟，需要不斷修練。

我們無論做什麼工作，本質上都是在修練我們的內心。如果我們的內心修練好了，境隨心轉，就會感到工作順順利利。

例如，當我們發現自己因為不懂拒絕而總是在背負巨大工作壓力的時候，那就說明我們缺乏清晰的界限意識；當我們缺少自信，很容易因為別人一句否定的話而悲觀喪氣的時候，那就說明我們的自我價值感太低；當我們為了不犯錯誤，寧肯待在自己的舒適圈，做事拖延，很容易因為未完成的事情而感到焦慮的時候，那就說明我們太過追求完美主義了。

如果我們遇到以上問題，千萬不要去指責工作本身出了問題，並且幻想透過換工作來解決這些問題。這時我們應該反觀內心，嘗試去改變自己。

比如，我的朋友之所以會因為一個專案沒談成而毫無成就感、悲觀洩氣，是因為他總是喜歡將問題進行個人化歸因——認為所有的錯誤都是由他一個人造成的。

他沒有意識到，談一個大的專案，是一個系統性工程，除了他個人的努力，公司的支持、團隊成員的互相支持都是很重要的因素。如果他能夠看到這些變數的存在，同時能夠慢慢改變自己「個人化歸因」的傾向，就不會那麼容易感受到打擊了。

畢竟，世上沒有完美的工作，但是我們可以透過自己的努力練就完美的心態。

三十歲到來這一天，我悟出了七個人生成長道理

古人云，「三十而立」。可見，對於很多人來說，三十歲是人生成長和發展的一個重要節點。

我所理解的「三十而立」，是指一個人在三十歲的時候，開始形成一套獨立的價值觀。這些價值觀不太容易被周圍的環境或者人所動搖，而且經歷了時間的檢閱，在過去的日子裡有效地促進了一個人的成長和發展。

下面，我就將自己在三十歲到來這一天所悟出的七個人生成長道理，與各位分享一下。這些道理，是我在自己走了很多彎路之後總結和提煉出來的，希望對你也能有所啟發。

一、只有不斷嘗試，才能找到自己的人生使命

三十歲之前，我很慶幸自己找到了一件想要去做一輩子的事情。這件事情就是成為一名幸福課的老師，然後用心理學的知識幫助更多的人變得更加幸福。當然，「用心理學的知識幫助更多的人變得更加幸福」這個口號有點大，聽起來有些浮誇，但至少我已明確了自己前進的目標，在今後的日子裡，我會努力向這個目標邁進。

一個人找到自己的人生使命並不是一件容易的事，需要不斷去試錯。要知道在二十四歲之前，我的全部夢想就是成為一名新東方（**中國一家知名的語言學習機構**）的英語老師。直到真的成為一名新東方的英語老師後，我才發現這並不是我真正想要達到的目標。

幸好，我一直都沒有停止去嘗試。除了當英語老師，我還做過學校教務、兼職銷售、家庭教育諮商，還和叔叔一起合夥創辦過一家教育機構。在各式各樣的嘗試中，我對自己和想做的工作變得更加了解。

其實每個人都需要經歷一段漫長的職業生涯探索期，如果暫時沒有找到你的人生使命，也不要著急，繼續嘗試下去就一定會有結果，關鍵是你要相信自己一定能夠找到。我的一位心理學老師，他三十三歲之前都是做化學的，三十三歲之後才開始接觸心理學，從此對心理學的熱愛一發不可收拾，現在已經是中國著名的心理學家，他的

經歷一直在激勵著我。

二、做事情光感動自己還不行，還要感動上天

我是一個渴望去追求生命深度的人。當然，有的人追求的是生命的高度，這類人特別想要在一個組織中獲得更高的職位和頭銜。對我來說，我更想透過自己的努力成為某一領域的專家。

想要在某一領域成為專家的想法讓我產生了攻讀博士的念頭。但是在攻讀博士這條路上，我走得並不容易，這一考，就是五年。在這五年的時間裡，除了做好本職工作，我經常需要晚睡早起去複習，還要面對來自工作、家庭方面的壓力，這些都需要自己慢慢去承受。

考博士班的前四年，每當得知自己考試落榜的消息的時候，我都告訴自己：如果明年還考不上，那就放棄吧。看看別人都能輕輕鬆鬆地上個班，幹嘛要把自己逼得這麼累？反正自己是問心無愧了。

其實，所謂「問心無愧」，只是為了感動自己和安慰自己罷了，這點努力根本就沒有感動上天。謝天謝地，我終於在二〇一六年拿到了博士班的錄取通知書。經過三年的煎熬和努力，二〇一九年，我博士順利畢業，拿到了博士學位證書。之所以能擁

有這一切，都是因為自己持之以恆的努力。

三、完成勝過完美

我在很多方面都有些苛求完美主義。然而苛求完美並沒有帶我走向卓越，反而讓我更加害怕失敗、不敢嘗試。現在的我，更加相信「完成勝過完美」。機會來了的時候，我們應該先馬上動手去做，然後再去考慮慢慢完善。

這就好比準備下筆去寫一篇文章。我們如果總是想要一下筆就寫出很棒的文章來，肯定很難下筆去寫。我們需要做的是，先把追求完美的思維方式放在一邊，把文章寫出來，然後再去慢慢完善這篇文章。

很多好文章，都是被作者一遍又一遍改出來的。如果不下筆去寫，那些好的想法就永遠都沒有機會變成好文章。如果你有一個不錯的想法，千萬不要等到準備工作完成到百分之百再去做，準備個百分之五、六十就可以去嘗試了，然後邊做邊完善。

四、讀書是對自己最好的投資

很慶幸自己在三十歲之前養成了讀書的習慣，而且從這個習慣中受益匪淺。讀書不僅可以帶來精神上的愉悅，還能促進個人事業的發展。

在我感到壓力最大的時候，我喜歡一個人靜靜地躺在床上，手捧一本自己喜歡的書去讀，這種紓壓方式對我的精神是莫大的撫慰。

其實，讀書也是對自己最好的投資。曾有一段時間，我喜歡到處參加各式各樣的培訓課程。參加培訓課程不僅很燒錢，收穫也不是很大。後來，我發現讀書比參加培訓課程更划算，不僅費用低，而且學到的知識也很有系統。

《這樣讀書就夠了》一書的作者趙周老師曾經說過：「如果能夠用心去讀一本好書，並且能夠學以致用，一本三十元人民幣的書照樣能夠讀出三千元人民幣培訓課程的效果。」

五、成長比賺錢更重要

需要坦白的一點是，站在三十歲這個節點上，因為在上海買了房，所以我還有幾十萬元人民幣的銀行貸款沒有還清。

但是隨著自身賺錢能力的不斷增強，我對這些債務已經沒有那麼擔憂了。答應我，看到下面這句話不要罵我矯情。

「雖然我沒錢，但我並不覺得自己很窮。」

因為只要我想賺錢，我所擁有的很多能力都可以變現。例如，我如果想要去做諮商心理師，每小時收費可在五百元人民幣以上；如果去做培訓，每小時收費基本上都在一千元人民幣以上（公益講座除外）；如果去寫專欄文章，一篇文章至少有五百元人民幣的稿費。

但是我現在並不急於去賺這些「快錢」。因為我心裡非常清楚，在年輕的時候，成長比賺錢更重要。近一個月以來，我推掉了很多個心理諮商和培訓的機會，因為我想把節省下來的時間多用在提升自己上面。我想讀更多的專業書、寫更棒的心理類文章，從而讓自己的價值再往上漲一漲。

六、要花時間去經營自己的家庭

「走得快看個人，走得遠看團隊。」這句話套用在家庭方面，也非常合適。結婚成家之後，一個家庭就是一個團隊。如果一個人只顧發展自己，忽略了家庭，那麼這種發展是難以長久的。

有的時候，因為忙自己的事情，我也會忽略家庭，比如沒時間陪孩子，沒時間傾聽老婆的心聲，忘記給遠方的家人打電話，這樣做的後果很嚴重。家裡每個人見到我都會帶著情緒，這讓我做什麼事都沒了心情。

其實，愛的本義是給予，而不是索取。只有肯花時間去經營家庭，一個人才有資格在回到家之後享受親情的溫暖。只有肯花時間去經營家庭，一個人才能心裡非常踏實地在外打拚。這樣說吧，一個懂得經營自己家庭的人，運氣應該不會太差。

七、上天欠你的，一定會還的

翻看自己十八歲之前的相簿，我很難找到一張微笑著的照片。也許因為小時候和父母分隔兩地，我缺少足夠的關愛；也許因為我讀國中的時候家裡遭遇了重大的變故。總之，那時候的我，覺得上天對我好不公平。曾有一段時間，生活上連續的打擊讓我覺得活得異常壓抑，甚至讓我開始懷疑活著的意義。

幸好，我堅持了下來。有時想想，如果「當年的那個我」知道「現在的這個我」可以過得如此精彩和幸福，那麼「當年的那個我」一定不會那麼悲觀和絕望了。

如果「現在的這個我」可以穿越到從前，去看望一下「當年那個正在憂傷的我」，我一定會俯下身來抱抱那個曾經感到無比絕望的自己，並且告訴他：「不必太悲觀，不要太憂傷。上天欠你的，最終都會還的。未來還有一個那麼幸福的人生正在等著你呢。」

下篇

咬牙堅持下去，明天總比今天好

chapter 6

走出生活舒適圈：不斷鼓起挑戰困難的勇氣

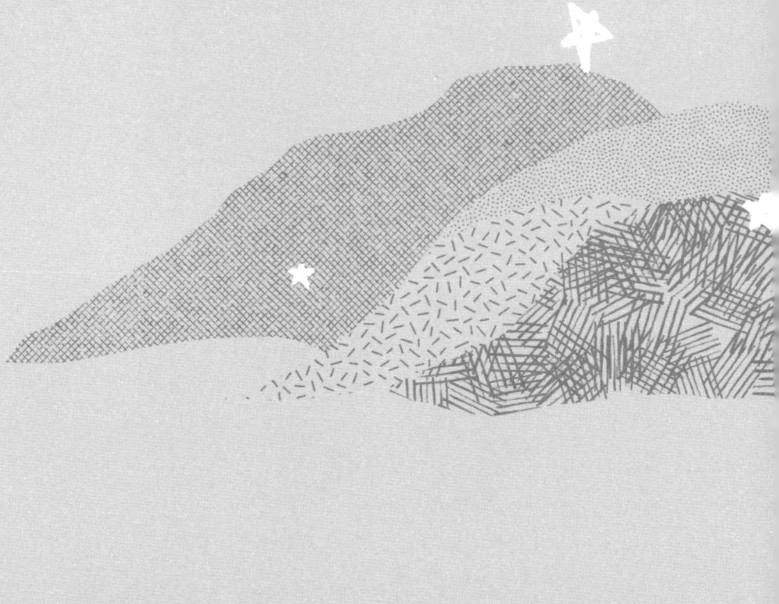

別等了，熱情不會自動出現

詹妮大學剛畢業，在上海的一家外商做行政工作，每個月大概有稅後六千元人民幣的收入。

因為詹妮性格內向，社交圈很窄，所以他每天都在重複著單調又枯燥的生活。最讓詹妮感到難受的是，他始終無法找到工作的熱情，每天上班都是在無聲的絕望中煎熬著。

有一天，詹妮對我說：「老師，好羡慕你每天都能充滿熱情地去做自己感興趣的事情——既可以帶學生上幸福課，又能在自己喜歡的心理學領域堅持寫作，在為他人帶來積極影響的同時又實現了自己的價值。而我，卻需要每天去做很多煩瑣的行政工作，稍有不慎，就會受到主管責罵。」

在詹妮的眼中，我很幸運，因為我找到了工作的熱情。然而他卻覺得自己很可憐，因為他沒有找到工作的熱情。而且詹妮還相信，一旦他能找到工作的熱情，就會擺脫現在這種苦悶的狀態，讓生命重新煥發活力。

於是，找不到工作的熱情，就成了詹妮逃避現實、不思進取的一個擋箭牌。他的生活開始變得越來越封閉，他每天會花大量時間用來玩手機，並且在心底祈禱著：希望自己能夠早日找到做事的熱情。

然而，熱情並不是從天而降的，它往往是一個人在用盡全力去做某件事情的過程中誕生的一個副產品。

剛開始工作那陣子，我也感受不到工作的熱情，但是我慶幸自己沒有停下來等待熱情的出現，而是花費了大量的時間在自己感興趣的領域不斷地探索和精進，然後熱情就慢慢地出現了。

當時我只堅持做了三件事情：圍繞著「正向心理學」這個專業領域讀書、寫作、開選修課。當從書本當中學到的很多知識點都串起來的時候、當撰寫的文章得到越來越多的人認可的時候、當講的課受到學生歡迎的時候，我對待工作和生活的熱情就越來越濃烈了。

掐指一算，我已經在大學裡面工作將近八年時間了。在這八年時間裡，我遇到過很多目標堅定、勤奮好學的學生，也遇到了不少痛苦迷茫、蹉跎時光的學生。

在與那些在學業上經常出現問題的學生（如因蹺課、考試不及格而無法正常畢業的學生）談心聊天的過程中，我發現他們最常替自己找的一個理由就是：「我對所學的科系不感興趣，找不到學習的熱情。」但是，他們又不願意花時間去尋找自己真正感興趣的事情。於是，沒有熱情就成了他們逃避現實、生活頹廢的擋箭牌。

他們當中的很多人，會瘋狂地去玩線上遊戲，熱衷於和不同的朋友聚會，藉由外面世界的各種新奇刺激來填補心靈的空虛。

我們知道，大學時代的賈伯斯也曾對自己所學的課程不感興趣，最終甚至做出了退學的決定。但是，他的厲害之處在於，他並沒有停止探索興趣的腳步，退學之後，反而更加努力地去學習那些讓他真正感興趣的課程。例如，學校裡有一門書法課非常吸引他，因為他注意到校園裡的大多數海報都畫得非常漂亮，所以他努力學習書法。

後來，賈伯斯在演講中特別提到了這段學習經歷對他的事業所產生的巨大影響：「在這門課程中，我學到了很多種不同的字體，以及怎樣在不同的字母組合間調整間距、怎樣做出完美的版面設計。如果我讀大學的時候從沒有上過那門課，蘋果電腦裡絕對不會有那麼多種字形以及間距安排合理的字體。」

在大學中，對自己所學的科系不感興趣或者對學習缺乏熱情並不奇怪，關鍵在於你是否會為了自己真正感興趣的事情拚盡全力，然後等待熱情慢慢地出現。

卡爾．紐波特在《深度職場力：拋開熱情迷思，專心把自己變強！MIT電腦科學博士寫給工作人的深度精進指南》一書中曾一針見血地指出，熱情是精通的副產品。

當你嘗試用吉他彈奏一首新曲子的時候，很難馬上就找到熱情，因為你對這首曲子還不熟，有些地方很容易彈錯。但是隨著不斷地練習，自己越彈越熟練，最後達到了行雲流水般的演奏水準，這個時候就能在演奏時找到熱情了。

剛剛開始上幸福課的時候，我只是對做這件事情感興趣，但是很難找到上課時的熱情。因為那時的我知識體系還不夠完善，有些知識點並不能觸動學生的內心，我的授課技巧也不夠過關。

但是，我一直沒有停止對這門課程的改良和升級。每次下課之後，即使我感到精疲力竭，也不是選擇馬上回寢室休息，而是先回辦公室，根據學生課堂上的回饋及時對課程進行改良。

慢慢地，隨著課程的不斷完善和改進，學生給了我越來越多的積極回應，我因此漸漸找到了上課的熱情。

我想說的是，**即使面對自己真正感興趣的事情，也要加倍努力，才能感受到熱情**。因為要想把任何一件事情做好，我們都需要經過一個知識學習或者技能練習的階段。在這個階段中，我們往往需要不斷挑戰自己的舒適圈，花費大量的時間提升自己。這是一個相當枯燥的過程。只有在經歷過這個階段之後，達到技能熟練的階段，我們才有機會體會到做事情的熱情。

《發現我的天才》一書中，研究者們為「優勢」下了這樣一個定義：

優勢＝天賦＋知識＋技能

這個公式，對於我們了解熱情是如何誕生，具有很大的啟發意義。因為一個人只有在發揮優勢的時候，才會有熱情出現。

那麼，怎樣才能具備做某件事情的優勢呢？天賦、知識和技能缺一不可。天賦會讓你對一件事情產生天然的興趣，但是如果不經過後天的刻意練習，沒能掌握相關的知識和技能，就很難轉化成優勢。比如，英語口語可以算作我個人的優勢之一，在我的工作環境中，經常有機會和外籍教授打交道，每次和外籍教授進行交談的時候，我就很容易充滿熱情。

剛開始的時候，我只是對學英語感興趣，但不足以形成優勢。在經歷了大量的練習（長年累月地堅持學英語）之後，我才找到了用英語與別人交談的熱情。

總之，如果你對自己目前所學的科系或者所從事的工作並不感興趣，就需要加倍努力去探索和試錯，只有這樣，才有機會遇到自己真正感興趣的事情。

當找到感興趣的事情後，我們努力練習，達到精通的狀態，才會有熱情出現。

那些輕鬆好玩的事情，我再也不想做了

我的學生丹尼爾告訴我，最近特別想發奮學習。因為他的好朋友一直都特別努力，不僅通過了大學英語六級考試（中國的全國大學英語四、六級考試，俗稱「大學英語四六級」，是由中國教育部主辦的統一標準化考試，目的是檢測在校大學生的英語能力），而且還拿到了英語高級口譯資格證，所以他受到了強烈的刺激。

而他，參加了兩次大學英語四級考試，都沒通過。擋在他面前的有一個最大攔路虎——手機的誘惑。每次他好不容易說服自己到圖書館複習英語，很快就會忍不住玩手機，結果：滑一下微博，十五分鐘就過去了；看一下社群動態，半個小時就過去了；看一下網路影片，一個小時就過去了；玩一下「王者榮耀」，兩、三個小時就過去了。

丹尼爾問我的問題非常簡單：到底怎樣才能戒掉玩手機的癮呢？

其實，要想回答這個問題，我們首先應當回答一個更加重要的問題：為什麼我總是會欲罷不能地玩手機呢？

以下兩個原因特別重要：

一、我們的大腦總是渴望去做一些輕鬆好玩的事情

道理很簡單，因為輕鬆好玩的事情，可以讓我們那顆躁動的心得到滿足。雖然達成一些長遠目標（例如通過大學英語四級考試等），也會讓我們感到興奮不已，但是我們需要經歷長時間的等待之後才能得到那份來之不易的獎勵。心理學上有一個延遲折扣效應，講的就是類似的道理：等待獎勵的時間越長，獎勵對你的價值越低。

二、我們的大腦很容易淪為多巴胺的奴隸

我們的大腦中存在著一個獎勵系統，它時刻在搜尋著外部可能存在的獎勵。一旦這個系統發現有獎勵機會的存在，就會釋放一種叫作多巴胺的神經傳導物質。多巴胺會「劫持」人的注意力，促使人們採取行動，去得到獎勵。我們之所以會控制不住自己去滑社群動態、玩手機遊戲，就是因為這些事情裡面存在著潛在的獎勵。

這些潛在的獎勵可能是，掌握到了朋友的最新動態、看到了搞笑影片、在遊戲中

可以闖關升級等。不過請注意，我們這裡說的是「潛在的獎勵」，而不是「必然的獎勵」。很多時候，我們玩了好長時間，都沒有發現一件好玩的事情，而寶貴的時間卻悄悄地溜走了。

我也曾經有沉迷於手機的時候。記得剛剛進入職場那陣子，我經常會在下班之後一連玩上一、兩個小時的手機，例如看頭條新聞、看搞笑影片等，還美其名曰，我是透過玩手機放鬆自己。

漸漸地，我卻發現，長時間玩手機，根本就沒有達到放鬆的效果。而且，我的內心始終有一股隱隱的焦慮——眼睛在不停地尋找好玩的刺激的內容，時間卻在不知不覺中溜走了，最後沒有在腦海中存下任何美好的回憶。

有一天，我忽然覺醒了。那些輕鬆好玩的事情，最終只能把我引向精神世界的空虛。然後我的大腦中閃現出一句話：「那些輕鬆好玩的事情，我再也不想做了。」

其實，幸福可以分為兩大類：一類是感官愉悅，另一類是自我實現。

感官愉悅是一種廉價的幸福。吃點好吃的、玩點好玩的、看點好看的，都會幫助我們快速找到樂子。但是問題在於，愉悅感官所能帶來的幸福，往往不夠深刻，持續時間也很短暫。

而自我實現的幸福，往往需要付出一定的努力、需要充分發揮自己的潛力。重要的是，這一類幸福足夠深刻，能夠持續很長時間。

下面是我的學生所記錄的一些自我實現類的幸福瞬間：

「一個人把超大的書架搬回寢室開始組裝，兩個小時的艱苦奮鬥得到了很好的效果，真的很幸福啊！」

「我之前就想要早起背單字，但是一直關掉鬧鐘繼續睡。這週我和朋友一起下定決心，如果完成不了就得給對方錢。每天能完成目標真的是難以形容的開心，我能誇自己八百遍。」

「一上午不玩手機，我在寢室安安靜靜地專注地看完一本《林徽因傳》，覺得擁有滿滿的幸福和成就感。」

看啊，以上這些超級幸福的瞬間，和玩手機都沒有一點關係哦。

如果我們能用一些更加有意義的事情來代替玩手機，還會有很多意想不到的奇妙收穫。

那是一個週一的下午，時間在五點四十分左右，我剛剛吃完晚飯，坐在辦公室的座椅上。還有不到十分鐘的時間，我就要從座椅上起身，然後走到教學大樓，去上六點鐘的幸福課。

那時的我，覺得大腦昏沉沉的。也許是因為剛剛吃完飯，所以人容易犯睏；也許是因為工作了一天，所以身體已經感覺非常疲憊。總之，那天我覺得自己的狀態特別不好。

看到桌子上的手機，我剛想抓起來滑一滑社群動態，忽然就被腦袋裡的另外一個想法制止住了——上節課，自己才剛剛向學生講過，只要做五分鐘的呼吸冥想，就可以讓身體放鬆、提高意志力的儲備，為什麼不利用這五分鐘多一點的時間，試一試呼吸冥想呢？

於是，我端坐在座位上，設定了一個五分鐘的鬧鐘，開始做呼吸冥想。所謂呼吸冥想，是指嘗試進行深呼吸，去除大腦中的妄念，將注意力完全放在呼吸上。

一旦開始呼吸冥想，我頓時就覺得時間好像慢了下來。原來，五分鐘的時間可以如此漫長。在這五分鐘的冥想時間裡，我還一度懷疑鬧鐘出了問題。後來，我用眼睛掃了一眼手機，發現時間僅僅過去了三分鐘，才放下心來。

冥想的時候，我基本上能夠做到心無旁騖，只是單純地去感受自己的呼吸。五分鐘的冥想結束之後，我覺得大腦輕鬆了很多。不難想像，如果用這五分鐘的時間來滑社群動態或者瀏覽各種碎片化的資訊，就一定會覺得心浮氣躁、時間轉瞬即逝。

那天晚上對學生上課的時候，我驚訝地發現，自己說話的語速沒有那麼急促了，心裡很平靜。

讀到這裡，也許你已經有了「減少玩手機時間」的念頭了吧？別著急，我還有三個錦囊妙計跟你分享。

一、以事後悔悟之心，破臨時之痴迷

當忍不住要玩手機的時候，你不妨先回味一下，上一次長時間地玩完手機之後所感受到的那種空虛和無聊的感覺。

因為擔心自己不長記性，我甚至還會把每次玩手機的那種內疚心情，詳細地記錄在記事本上來加深印象。等到忍不住想要玩手機的時候，自己就打開記事本，再把這種空虛的感覺回味一遍。

二、以玩手機為獎勵，把重要的事情做完

前文提到，因為我們的大腦就是喜歡做一些輕鬆好玩的事情，這是我們的本能，所以，想要完全戒除手機，是一件反本能的事情。

但是，我們可以利用這種本能，把玩手機作為一種獎勵，來激勵自己去完成那些比較複雜的事情。例如，在做一個難度較大的任務之前，就告訴自己：如果完成這個任務，就獎勵自己玩半個小時手機。

三、選擇更加積極的方式來放鬆身心

長時間沉迷於玩手機的人，往往是因為缺乏其他的興趣和愛好，不知道做什麼，所以就透過玩手機來打發時間。

因此從長遠角度來考慮，如果想要戒掉玩手機的癮，我們就必須培養一、兩個興趣或愛好，選擇更加積極的方式來放鬆身心，如健身、畫畫、讀小說、彈吉他等適合自己的娛樂方式。只要這些娛樂方式能夠讓你付出一定的努力，又能達到愉悅身心的效果，就比你窩在一個地方沒完沒了地玩手機要強。

我還年輕，選擇和繁重的工作一起修行

寫這篇文章的時候，我的博士論文開題剛剛結束。一個學期緊張而又忙碌的生活，終於可以按下暫停鍵，我可以好好地鬆一口氣了。

我讓自己放了兩天假，去做自己一直想做卻沒有機會去做的幾件小事：早上起來的第一件事情不再是強迫自己起床看書或者寫作，而是帶上輕鬆的心情到附近的公園去溜達一圈；陪兒子好好玩上一天。

沒想到，如此短暫的徹底放鬆，就讓身體發生了一些奇妙的變化。持續近兩個月的胃部隱隱約約不舒服的感覺，在放鬆的這兩天時間裡開始快速好轉，我的胃口也開始變得越來越好，看著各種飯菜都覺得很有食慾。

然而，這種短暫的放鬆很快就被打斷了。由於第二本書馬上就要上市，出版社希望我能夠錄幾堂網路教學影片配合圖書的行銷；寒假裡我也想把博士論文的開題報告好好修改，為後面的論文寫作打好基礎；還有常規的讀書和寫作計畫需要完成。總之，我有一大堆的雜事需要去做。

沒錯，想要在寒假裡完成這些事情，我就要依然保持忙碌的節奏，沒有一天時間可以放鬆。否則，各種壓力就會不斷堆積，最後壓得自己難以呼吸。

這兩年忙碌而又緊張的生活，讓我有了一個很深的體會：選擇直接面對問題，而非逃避問題，是化解壓力的最好方式。

雖然我在覺得特別忙碌的時候特別渴望能夠躲到一個世外桃源，過一種無憂無慮的生活，但是我非常清楚，那種無憂無慮的生活，開始的時候會很舒服，但時間久了，就會把我引向精神上的空虛。

其實，我們可以把繁重的工作當成沉重的負擔，也可以把它當成了解自己、磨練心性的絕佳契機。

例如，在週末和假期裡，我經常會隨時隨地收到各式各樣的訊息——「老師，什麼時候放假？」「老師，期末考試的成績什麼時候出來？」「老師，我因為發燒去醫院看病，學校買的醫療保險能報銷醫藥費嗎？」

以前的我，每次在休息時間收到這樣的訊息都很容易感到心煩意亂。因為類似的問題我已經和學生講過很多遍，學生當初沒有認真聽，有需要時才會發來訊息詢問，並且希望馬上得到回覆，所以我覺得自己之前的付出沒有得到充分的尊重，很容易因此而鬱悶很長時間。

然而，這件事情卻讓我看清了自己身上苛求完美、容易多想的問題。想想看，回答學生的一則訊息，可能只需要一分鐘的時間，但是我卻會因此心煩意亂一整天，實在是太不值得。

想通這一點後，現在的我，在休息的時間收到學生發來的訊息，都會盡量耐心回覆，然後轉眼就忘掉這件事情，不帶任何主觀情緒。

不要拿別人的錯誤懲罰自己，過去的事就讓它過去，就是這麼一個簡單的道理。

繁重的工作，讓我從中學會了太多的事情。例如，當事情多到無法應付的時候，我學會了時間管理，提高了時間利用的效率；每天和各式各樣的學生接觸，處理各種突發事件，我增長了社交智慧，提升了與人溝通的能力；在堅持寫作的過程中，我有機會對很多事情進行更深刻的反思，增強了自我覺察和自我更新的能力。

一直以來，我都覺得自己是一個很內向的人，感情極其細膩，就像小女生一樣敏感。每次和別人打交道，我都會思前想後，覺得心超級累。每次發訊息給別人，我都要斟酌半天。有時候，我會想，自己現在之所以能夠過得相當充實、覺得生活很有希望，是因為自己一直在挑戰自己，在繁重的工作或生活面前沒有逃避。

繁重的工作和生活，一直在磨練我的心性、拓展我的邊界，從而讓我在面對這個複雜世界的時候慢慢變得心有餘力、遊刃有餘。

如果我停止努力，不去挑戰自己，退回自己的舒適圈，那麼我很可能會對自己失去信心，很容易整日過得憂心忡忡、鬱鬱寡歡，甚至憂鬱。經過多年的自我分析，我早已察覺，自己的生命底色是灰色的，只有透過繁重的工作才能充實自己、豐富自己，進而發現生活的意義和樂趣。

那麼，到底怎麼樣才能做到「和繁重的工作一起修行」呢？我覺得以下這兩點特別重要：

第一，發現繁重工作背後的積極意義。

第二，為我們的靈魂留下喘息的餘地。

關於第一點，這篇文章到目前為止已經做了很多講述。我還特地寫了一本書——《痛苦，不過是一份包裝醜陋的禮物》來詳細講解如何發現各種「壞事情」背後的積極意義。而第二點，是我之前一直相當忽視的，因此我的身體經常被累出問題。

和繁重的工作一起修行，其實並不僅僅意味著我們兩眼一閉往前衝，把自己累倒也在所不惜，而是要學會忙裡偷閒，為自己的靈魂留下喘息的餘地。

如何才能為靈魂留下喘息的餘地呢？《和繁重的工作一起修行》一書所給出的答

案是：練習「正念」。

所謂「正念」，是指把我們全部的注意力都投注於當下所發生的一切。當我們專注於當下，全身心投入地做一件事情的時候，就是對我們的身心最好的放鬆。

寫到這裡，我忽然明白，為什麼自己每次心情不好的時候，只要去最喜歡的小餐館專心致志地吃一次番茄炒蛋蓋澆飯，就會感到很放鬆了。

有人說，我的工作已經足夠忙碌了，哪有什麼時間來練習「正念」呢？

其實，無論工作多繁忙，我們總能抽出一點時間來放鬆自己。

例如，無論在走路去停車場時，還是在走路去洗手間時，我們都可以把腦海中的煩心事暫時拋在一邊，專心致志地走路，感受周圍的空氣和吹在臉上的風，感受腳底板和地面的接觸，這本身就是一種放鬆。

當我們在公司吃飯的時候，我們可以改掉邊玩手機邊吃飯的習慣，全身心投入地去咀嚼食物，認真感受食物的味道，而不僅僅是靠辛辣的重口味來刺激食慾。

當我們剛完成一項工作時，可以不用著急去滑社群動態，匆忙地把時間填滿，而是認真地去呼吸。想像著每次呼氣、吸氣，我們都是在釋放自己身體的壓力。

其實只要稍微留心一下，我們就一定能夠找出時間練習「正念」，放鬆身心。

我們還年輕，還有很長的路要走，但走路太快的時候，不要忘記讓靈魂得到喘息。只要悟透這一點，你就明白「和繁重的工作一起修行」這個道理該如何在實踐中去執行了。

堅持一件事很難，但是結果很美

凌晨四點，我比鬧鐘設定的叫醒時間提前兩個小時醒來，睡意全無，因為我的心裡一直惦記著，本週的寫作任務還沒有完成。

寫這篇文章的時候，我已放假，準備回老家過春節，有太多的事情要去完成，有太多的親戚需要去看望，同時，我還需要花費更多的時間去照看孩子。一直都沒有足夠多的時間靜下心來讀書寫作，心裡覺得有些著急。

我第一次覺得，凌晨四點醒來是一件很幸福的事。因為在孩子醒來之前，我還有將近三個小時的時間可以不受干擾地寫作。

因為害怕寫作時的敲擊鍵盤聲會把孩子吵醒，我躡手躡腳地穿上一層又一層的衣服，把自己包裹得嚴嚴實實，從溫暖的臥室來到沒有空調和暖氣的客廳寫作。

北方的冬天可真是冷啊！即使隔著一層厚厚的羽絨服，我依然能感覺到木質沙發靠背上所傳遞出的寒意。堅持寫作可真難啊！我需要不斷地走出自己的舒適圈，需要不斷地去考驗自己的意志力。

作家嚴歌苓在接受採訪時曾經這樣說過：「寫作不是每個人都能忍受的，這需要自我挑戰和強大的意志力。在寫得不順的時候站起來，還有沒有毅力再坐下去？所有的掙扎都是和自己的抗爭。當你完成作品時，就會有巨大的成就感和滿足感。」

雖然堅持是一件很難的事情，但是我們依然可以透過一些科學的方法幫助自己更好地堅持下去。下面，我就和大家分享三個非常實用的方法，幫助大家更好地熬過那些艱難的時刻。

一、吃掉那隻活的青蛙，每天從最艱難的事情開始做起

馬克．吐溫曾說，若你早上的第一件事情是吃下一隻活的青蛙，那麼今天的其他所有事情就都沒有什麼好煩的了，因為沒有什麼事情比吃活的青蛙更讓人難受的了。

這段話被很多講時間管理的書籍引用，並且引申出一個重要的理念——我們每天應當從最艱難的事情開始做起。

最艱難的事情往往也是最重要的事情，在《與成功有約：高效能人士的七個習慣》一書中，作者強調的第一個習慣就是——要事第一。一個具有自律精神的人，會

先把最艱難的、最重要的那件事情完成。這樣再做其他事情的時候，他就會越來越有信心，更加容易堅持下去。

而如果總是逃避做艱難的事情，一個人則會慢慢養成拖延心理，然後被焦慮感和內疚感所糾纏，最終無法成功地堅持下去。

二、形成固定的習慣，讓堅持變得更加容易

在《精力管理》（*The Power of Full Engagement*）一書中，提示了一個重點：「如果你每次做某件事之前都需要思考一下，那麼你可能沒辦法長久地堅持去做這件事。」一旦形成固定的習慣，我們在做一件事情的時候就更加容易堅持下去。因為到了某個時間點，你會自然地想起要去做某件事情，而不需要花費很多腦細胞去考慮，我到底應該在一天中的哪個時間段去完成那件還未完成的事情。實際上，你所看到的這篇文章，就是在我形成早起寫作的習慣之後所完成的。說實話，我第一天早起，從被窩中爬起來寫作的確很不容易，但是一旦養成習慣之後，就沒有那麼難了。

當我讀那些成功人士的文章的時候，我發現他們的身上往往都具有一個共同的特點，就是他們都會有一些堅持得很好的習慣，比如早起、讀書、運動等習慣。習慣會慢慢地形成一股強大的洪流，讓一個人變得更加優秀。

三、借用榜樣的力量，讓自己不斷受到激勵

我在不同的社交媒體上追蹤了很多比我優秀的寫作者。這種榜樣的力量，對一個人的激勵作用是無窮大的。

每次當我想要偷懶的時候，看到別人還在堅持更新文章，我的心裡馬上就會鼓起十足的幹勁——比你優秀的人都如此努力，你還有什麼理由偷懶呢？一個朋友曾經跟我說，真佩服你一年能利用業餘時間寫一百篇文章，但是與我所追蹤的那些作者比起來，尤其是那些堅持日更的人來說，我覺得自己瞬間弱爆了。

一個人要想變得更加優秀，就要多和優秀的人待在一起。在網際網路時代，這件事變得更加容易。你可以透過追蹤那些比你優秀的人的社交媒體，追蹤他們的動態、讀他們所寫的文章，從而獲取源源不斷的前進動力。

堅持一件事情很難，但是結果很美。

我從二〇一四年開始寫作，累計寫了將近七十萬字。剛開始寫作的時候，我的文筆非常青澀，充滿了高談闊論，寫的文字不太平易近人，基本上屬於自娛自樂。

然而，寫著寫著，我開始慢慢考慮到讀者的需求，想要為讀者傳遞一些真正有價值的內容。於是，我在寫作方面就有了一些新的突破。例如，所寫的文章開始被一些大的訂閱號轉載、開始為雜誌或者報刊寫心理專欄、出版了自己的第一本書等。

在過去五年多的時間裡，在業餘時間寫作，已經成了我堅持得最好的一個習慣。只要條件允許，我就想一直寫下去，同時希望能寫出更多有價值的好文章。

那麼，如何做才能寫出有價值的好文章呢？好的選題、吸引眼球的標題、邏輯清楚的文章框架、能夠帶給別人價值的文章內容，都是加分項。然而，我覺得更重要的一個前提條件就是，你要有一顆堅持寫下去的恆心。因為你寫的文章越多，產生爆紅文章的機率就越大。

一直以來，我特別佩服那些堅韌不拔的電話銷售員，雖然他們所打的大部分推銷電話都會被人無情地掛斷，但是他們一直都會堅持打下去。

一個做過電話銷售工作的朋友跟我講過這樣一個道理。他說，好的電話銷售員不會因為一、兩次的被拒絕而感到氣餒，因為他們堅信這樣一個道理：你只有打過十個電話，才有可能找到一位潛在客戶；而每找到十位潛在客戶，才能成交一筆生意。從機率論的角度來計算，如果想要做成一筆生意，就至少要有打一百個電話的勇氣和決心；如果想要做成兩筆生意，就要有打兩百個電話的勇氣和決心。最後，只有那些堅持打最多個電話的人，才有機會成為超級電話銷售員。

也就是說，無論是作為一個電話銷售員，還是作為一個寫作者，你只有嘗試得越多，成功的機率才會越大。

這就是我所理解的堅持的意義：堅持做一件事情很難，當中肯定會遇到失敗和挫折；但是只要你能夠堅持下去，最終結果就會很美。

早起的日子裡，我的人生開始充滿生機

你是否經常會抱怨自己沒有時間讀書、學習、提升自己？

我覺得無論一個人白天有多忙，都可以透過早起或者晚睡的方式，獲得一些可以自由掌控的時間，進而用來發展和提升自己。作為一個喜歡養生的「八〇後」，我更喜歡早起。

我每天上班的時間是早上八點鐘。在每天的工作時間中，有大量的事務性工作等待著我去完成，通常要耗費不少的腦細胞。

下班之後，我想拿出一點時間去看書或寫作，但經常會覺得身心俱疲、提不起任何精神，學習效率非常低。然而，自從我堅持六點鐘左右起床之後，這個問題就迎刃而解了。

同時，我還發現了早起的很多好處。

首先，早上通常是一個人的大腦最清醒的時候，簡直就是一個人讀書、充電、追求夢想的黃金時間。這時候，一個人的學習效率也非常高。根據心理學的相關理論，這時候沒有任何順向干擾（Proactive interference），因此記憶效果也是最棒的。

其次，在正式上班前，如果就已經能夠學習一到兩個小時，會給早起的人一種主動掌控人生、領先一天的感覺。自從堅持早起之後，我可以充分利用上班前的一段寶貴時間學習，在正式開始上班的時候，心裡早已洋溢著一種充實感，這種積極情緒會給人帶來一天的好心情。

再次，早起會給人一種尊貴感。在住宿舍的日子裡，我每次早起時，校園裡都是空蕩蕩的，除了打掃的阿姨，看不到幾個人影。這時候，不需要面對擁擠的人群，獨自走在美麗的校園裡，有時候我還會刻意放慢腳步欣賞校園裡的花花草草，讓早起的晨光灑在自己的臉上，感覺真的很棒。早起的確會帶給人一種尊貴感，有時甚至會讓我覺得整個校園都是屬於自己的。

最後，早起會改善一個人的精神面貌。自從堅持早起之後，我順便也養成了早睡的習慣。也許因為不知不覺中順應了大自然的作息規律，所以我的睡眠品質比以前提高不少，精神狀態也比以前好很多。之前晚睡晚起，雖然也能睡七、八個小時，但是精神狀態卻不如早睡早起好。

既然早起有這麼多好處，那麼如何做才能做到持續堅持早起呢？

長久以來，在堅持做某件事情方面，我有一個重要的體會：如果覺得每次做某件事情都需要下很大的決心，同時這件事情又很重要，就要想方設法把做這件事情變成一種習慣。

因為一旦養成早起的習慣，我們就不需要在每天早起的時候那麼掙扎了。而要想養成早起的習慣，我們就需要設定一個週一到週日在同一個時間叫醒自己的鬧鈴，便於我們形成新的生物鐘。有的人喜歡設定一個週一到週五工作日的早起鬧鈴，然後週末時間會關掉鬧鈴，一直睡到很晚才起床，這樣就會打亂我們身體內部的生物鐘，不利於早起習慣的養成。

如果你覺得鬧鐘的聲音太刺耳，同時也擔心吵到家裡其他人，那麼你可以嘗試買一個運動手環，然後選擇手環當中的震動鬧鈴功能。這種無聲的鬧鈴，會讓人感覺舒適一些。此外，要想養成早起的習慣，還需要特別注意以下三點：

一、晚睡後依然要堅持早起

說實話，早起並不是一件容易的事，尤其在剛開始的時候。晚睡會導致晚起，晚起又會導致晚睡。我們要想堅持早起的計畫，就必須打破這一個惡性循環。

也就是說，如果要準備早起，即使你前一天的晚上晚睡了，第二天也一定要堅持早起，因為你只有堅持早起了，才會有機會慢慢養成早睡的習慣。也許剛開始的晚睡早起會讓你覺得很睏、很疲憊，甚至會讓你想要在中午補個覺，但千萬要撐住。因為只有邁過這一關，你才能最終養成早睡早起的好習慣。

有時候，我們會覺得改變很難，但是只要能夠勇於打破習慣循環上的一環，就會讓改變慢慢發生。

二、不要因為一次晚起就放棄早起計畫

人在改變的過程中出現反覆是非常正常的事情。很多人一開始能夠很好地堅持早起的習慣，可是堅持幾天之後，忽然精神上有所放鬆，在鬧鐘響起之後，直接按停鬧鐘，呼呼地睡了過去。醒來之後，完美主義的「心理病」開始發作，他們痛恨自己沒有毅力，渾身上下都帶有一種深深的罪惡感和愧疚感，於是替自己貼上一個標籤「我是一個不能堅持的人」，最終放棄了早起的計畫。

其實，在堅持早起的過程中，偶爾一次晚起並不能說明任何問題。人都是有惰性的，不要過於苛責自己。過度地苛責自己，只會讓自己更快地放棄原本執行得很好的計畫。這時候，我們能做的就是接納現實和接納自己，給自己一點鼓勵和信心，明天

繼續堅持早起。

三、找個有毅力的人互相督促

我最終能夠堅持早起，離不開身邊一個非常有毅力的人的督促——這個人就是我的好兄弟春哥。兩個人互相督促、互相監督，效果會好很多。因為只要有一個人起床了，另一個人就會礙於面子感受到壓力，更容易堅持起床。

有人說：「一個人如果想要成功，就要和成功的人待在一起。」同樣的道理，你要想早起，就要和能夠堅持早起的人待在一起。

在養成早起習慣的過程中，我們還要明白一點，早起並不是我們的最終目的，它只是我們達成目的的一種手段。

在堅持早起的過程中，我們一定不要忘記問自己這樣一個問題：「我想要透過早起來達成人生中的哪一個重要目標？」

在攻讀博士學位的三年時間裡，我早起的主要目的是爭分奪秒地撰寫學術論文。在最近這段時間裡，我早起的主要目的是讀書和寫作。我的一個學生之所以每天堅持早起，是因為他想通過大學英語六級考試。

總之，如果有一個明確的目標做指引，我們就更加容易堅持早起。如果缺少一個明確的目標，不知道早起之後要做什麼，只是一味地透過堅持早起來感動自己，或者只是為了在社交平臺發個動態秀一下，那麼這種早起沒有任何實際的意義。

我認為，早起最適合做和夢想相關的事情。這樣一來，早上叫醒你的就不是鬧鈴，而是你的夢想。

如果你有一個夢想，那麼不妨給它一次實現的機會，每天拿出早起的這段時間向夢想不斷靠近。比如，你可以讀書、寫作、運動，你也可以學英語、看免費課程，打太極拳等。總之，千萬不要把早起的寶貴時間全部拿來滑手機、訊息和看影片，因為這只會讓你的精神變得更加空虛。

我希望，你在早起的日子裡能夠向夢想不斷靠近。

chapter 7

掌控自己的情緒：優雅地面對生活中的壓力

如果心情已經「觸底」，就不要再假裝積極

在剛剛過去的一個星期裡，我感到情緒很低落，心情已經觸底。情緒的持續低落，往往不是由於某一件事情沒有做好造成的，而是由於一系列的連續負面事件造成的。

例如，我最近有很多待辦事情積壓在心頭沒有完成；前一段時間因為感冒加牙痛，所以吃了很多消炎藥，結果傷到了胃，總是覺得胃部不太舒服；工作上忙中出錯，出現了一些失誤等。這些因素疊加在一起，使原本總是表現出積極心態的我跌入了情緒的低谷。

前幾天，我還在文章中煞有介事地寫道：「我現在很少失眠了，經常能夠睡八、九個小時。」沒想到很快就被現實打臉。最近，我連續兩天失眠，都是到了凌晨才睡一下子。

令人感到諷刺的是，在失眠的這兩天裡，每天都會有學生向我提出類似的問題：「老師，昨晚我失眠了，能不能幫我分析一下原因？我該怎麼辦？」

我回答得有氣無力，只是告訴學生，如果你是心因性失眠，建議你去讀讀加藤諦三的《寫給失眠者的心理學》。此外，我沒有心力再去幫學生做深入的心理分析。

那段時間找我諮詢心理方面問題的同學或朋友們，真的很抱歉，當我覺得心情不好的時候，也特別需要別人的關心，因此我沒有像往常那樣熱情地去回答你們的心理疑問。

這兩天我去另外一所學校參加培訓，心情奇妙地配合著外面陰冷的天氣，感到特別低沉。在培訓的過程中，有一些團體互動的活動，需要每一個人積極地參與。

但是當一個人心情低落的時候，很容易把自己封閉起來，本能地排斥和別人進行較為深入的接觸。於是在團隊互動的時候，我就鼓起勇氣告訴身邊的人：「很高興認識你，不過我今天心情比較低落，可能會表現得不盡如人意，請多包涵。」

當表達出自己的真實感受之後，我感覺好受了一些。我知道，如果心情已經「觸底」，就不要再假裝積極。否則，如果一個人內在心情和外在表現不一致的話，就會讓情緒變得更加糟糕。

當自己心情低落的時候，真實地表達自己非常重要。但是太多的人害怕表達自己脆弱的一面，覺得這樣會讓自己看起來不夠強大，擔心會失去別人的信任，於是故作堅強。然而，我們如果一味地壓抑自己的真實感受，就會離憂鬱越來越近。

當然，表達出自己脆弱的一面是需要勇氣的。因為當你向另外一個人表達出自己的情緒很低落的時候，有可能得到的不是關心或理解，而是輕視或二次傷害。

例如，有的人會說：「這點小事就把你折磨成這樣，別擔心，過兩天就好了。」還有的人會說：「怎麼覺得你這麼容易多愁善感啊，能不能堅強一點，像個男人一樣？」這種安慰，只會讓一個憂鬱的人感到雪上加霜。

因此，當你心情低落的時候，不要隨便找一個人傾訴心聲，一定要找一個懂你的人聊天。如果你找不到這樣的人，就把自己的情緒寫成文字，因為寫作本身也是一種治癒的力量。

從某種程度上講，我今天寫下這篇文章，實際上也是在表達自己的真情實感，展示自己脆弱的一面。只有當一個人勇於表達自己脆弱的一面的時候，才會獲得治癒的力量。

作為一名幸福課的講師，我並不想做一個時時刻刻都充滿正能量的人，而是更想做一個真實的人。一個真實的人，心理上才會富有彈性，才會變得更加健康。

經常壓抑真情實感的人，總是會有一種心往下一沉一沉的感覺，整個人都喪失了活力，同時很容易無緣無故就產生想要流淚的衝動。很多心情持續憂鬱的人，很容易因為聽一首歌曲或者看到電影中的某個片段而忽然淚流滿面，甚至號啕大哭。

如果你是一個非常善於壓抑自己真情實感的人，那麼我強烈建議你去讀讀布芮妮．布朗的《脆弱的力量》，相信這本書會對你有所幫助。

每次心情不好的時候，我都會發現自己文思泉湧，很有寫作的衝動。而在心情好的時候，整個人都會感覺相當浮躁，一點都不想坐下來寫東西，除非強迫自己去寫。難怪有人說：「苦惱是寫作的最好狀態。」於是每次在心情不好的時候，我都會在手機上寫下好幾篇文章的大綱，供以後所用。

每次心情不好的時候，我還會想到黛比．福特曾經在《接納不完美的自己》（*The Dark Side of the Light Chasers: Reclaiming Your Power, Creativity, Brilliance, and Dreams*）中說過的一段話：「不要一味質問上天，為什麼讓這樣的事情發生在我身上？而是要告訴自己，我之所以會有這樣的經歷，是因為我需要從中得到體驗和收穫。這是我人生之旅的一部分。」類似這種和自己的對話，通常會讓我產生很多新的思考，同時將自己的認知好好進行升級。

每次心情不好的時候，我都會告訴自己，保持充實的生活狀態很重要。如果自己什麼都不做，只是一個勁地胡思亂想，就會讓事情變得更加糟糕。最近在連續兩晚的失眠之後，我告訴自己，如果今晚睡不著，就爬起來看完《月亮與六便士》。沒想到，我一覺睡到了天亮。

每次心情不好的時候，我都會告訴自己，如果心情已經「觸底」，就不要再假裝積極。情緒總會有高潮和低谷期，**我們努力接納各種情緒，然後發現情緒背後的意義，就是最好的應對方式**。

就像上海最近的天氣，天色陰沉，連續低溫、持續下雨，但是我相信，過不了太長時間，陽光就會來臨。

掌控情緒，先從識別自己的情緒開始

一天早上，艾瑞克乘坐了兩個小時的地鐵剛剛到達公司，身心疲憊。因為艾瑞克在早上尖峰擁擠的車廂內被人推來推去，還有一個粗魯的傢伙在上車的時候不小心踩了他一腳，而且沒有道歉。

這還不夠，艾瑞克剛坐下，就被主管喊去談話。主管批評他工作進展太過緩慢，希望他能夠更加努力。回到自己的辦公室後，艾瑞克抓起電話就開始打電話給客戶，剛聊了幾句，客戶就在電話那頭抱怨了起來。

這時，以往都是好脾氣的艾瑞克忽然控制不住自己的情緒，對著電話咆哮起來：「你到底想要讓我怎麼做？不要逼我了，好嗎？如果你不想購買我們公司的產品，可以馬上辦理退貨啊，在電話裡跟我抱怨有什麼用？」對著電話吼完之後，艾瑞克「砰」的一下掛掉了電話。

掛掉電話之後，艾瑞克忽然被自己的一連串舉動驚呆了。他開始擔心客戶會打電話投訴自己，又擔心自己很快再次被主管叫到辦公室責罵一通。同時，有一個問題艾瑞克也沒想明白：為什麼自己會忽然控制不住情緒發這麼大的火？

其實，原因就在於，在經歷了早上尖峰的擁擠和主管的批評之後，艾瑞克沒有意識到自己的內心已經累積了很多諸如無奈、憤怒等一系列的消極情緒。因為這些消極情緒沒有得到及時的識別和宣洩，所以就導致了艾瑞克在打電話給客戶時情緒的忽然爆發。

在《EQ：決定一生幸福與成就的永恆力量》一書中，作者丹尼爾．高曼援引薩洛維和約翰．梅爾兩位學者的觀點，將EQ定義為五項能力，分別為：識別自身情緒的能力、管理自身情緒的能力、自我激勵的能力、識別他人情緒的能力和調節他人情緒的能力。

其中，識別自身情緒的能力是提高EQ的首要能力。

下面，我們就來看看識別自身情緒能力的重要性。

一、識別自身情緒的能力是自我情緒管理的重要前提

也許有人會說，識別自身情緒很難嗎？難道生氣的時候，還會有人感覺不到自己

正在生氣嗎？答案是，真的會有人無法識別自身的憤怒情緒。

在精神病學中，有一個專門的詞彙用來形容那些無法識別自身情緒、情感貧乏的人——述情障礙。患有述情障礙的人，無法識別自身的情緒。有時他們會抱怨自己的身體出現了這樣或那樣的毛病，但實際上是因為他們在情緒上受到了困擾。

在現實生活中，很多人無法及時、準確地識別自己的情緒。如果一個人無法對自己的情緒進行及時的識別，就無法對自己的情緒進行有效的管理。

二、無法識別自身情緒會導致一個人淪為情緒的奴隸

俗話說，衝動是魔鬼。很多人在碰到不開心的事情之後，會跳過「識別自身情緒」這一層，直接進入「不假思索地行動」的環節，即我們經常說的「刺激—反應」模式。

記得有一則新聞，一個中國東北年輕人因為另外一個人在小飯館裡多瞄了自己一眼，就和對方吵了起來。隨著爭吵的不斷擴大，最終，這個東北年輕人拿起酒瓶把對方打死了。

警察在調查的時候問這個東北年輕人：「你為什麼把對方打死了？」年輕人回答道：「他看我。」

這就是缺乏自我情緒識別能力的惡果之一。當一個人感到憤怒的時候，他無法認知到自己已經很憤怒，而這個時刻做出的各種舉動都有可能過頭。所以說，如果一個人無法識別自身情緒，就會導致他淪為情緒的奴隸。

三、識別自己的情緒，可以讓我們獲得更大程度的自由

在《EQ：決定一生幸福與成就的永恆力量》一書中，作者丹尼爾．高曼說道：「個體如果意識到自己感到憤怒，就會獲得更大程度的自由，不僅可以選擇停止行動，而且增加了不同的選擇，即努力放下情緒的包袱。」

其中的道理不難理解。當我感到生氣的時候，如果我能及時地意識到自己已經生氣，接下來我就可以提醒自己選擇化解憤怒的有效方法，然後按照相關步驟化解自己的憤怒情緒，從而避免讓自己淪為情緒的奴隸。

接下來，我們再來看一下，如何才能增強自己的情緒識別能力。

一、在被情緒吞沒前，按下暫停鍵

我們知道，人和動物之間的最大區別，就是人能夠用理智去掌控自己的抉擇。

根據美國心理學家艾里斯的情緒理論，在激發事件和消極情緒及其行為結果之間

還有一個重要的中間變數——我們對待激發事件的認知。如果我們能夠及時改變對一件事情的認知，就會減少消極情緒的產生。

例如，如果我們把「對方多瞄自己一眼」看成對方對自己的挑釁，那麼我們就很容易大動肝火。而如果我們能夠把「對方多瞄自己一眼」看成對方想要和自己交個朋友的訊號，就會減少憤怒的產生，從而避免一場慘劇的發生。

我們要想避免更多消極情緒的產生，就必須在情緒把我們吞沒之前及時地按下暫停鍵（**例如，在發怒之前先做十秒鐘的深呼吸**）。這樣我們就會讓「理性」及時介入，從而對消極情緒進行有效的識別和處理。

二、透過自我情緒監控，提高識別自我情緒的能力

認知療法的重要代表人物亞倫．貝克，曾經提出過一種非常有效的心理治療技術——自我情緒監控。它尤其是指對一個人憂鬱或焦慮的程度進行監控。

很多人往往會持有一種錯誤的觀點，尤其是那些深深處在憂鬱情緒和焦慮情緒當中的人，他們認為自己的憂鬱情緒或焦慮情緒會始終不變地持續下去。而實際情況是，這些情緒就像天氣一樣，有一個開始、高峰和慢慢消退的過程。

如果人們能對情緒變化的規律有所了解，就會更加密切地關心留意自身的情緒，

慢慢形成對自我情緒進行監控的習慣，從而提高識別自身情緒的能力。

三、透過練習冥想，提高自我情緒的覺察能力

相關研究發現，冥想對人的注意力系統具有調節作用，能有效提高被試者的對內注意能力。也就是說，透過練習冥想，一個人可以提高自我情緒的識別能力。

在冥想的專業術語中，自我情緒的識別常常被表述為「對自我情緒的覺察」。學習冥想的人，很容易混淆正念和覺察的意義。所謂正念，是指心中持續鎖定冥想的目標，不讓注意力偏離；所謂覺察，是指注意你的心思在做什麼，防止它漫遊到他處。

在《冥想》一書中，作者透過一個例子非常生動地講解了正念和覺察的區別：「關於正念與覺察之間的差異，我聽過的最佳比喻是，當你拿著裝滿咖啡的馬克杯穿越房間時，因為靠近馬克杯邊緣的咖啡很容易溢出，所以你行走時很小心。正念就相當於你密切注意咖啡表面，以免咖啡溢出。但是你拿著馬克杯時，你的有些注意力也放在比較大的格局上，比如避免自己被東西絆倒，或不讓手肘撞到門框，那部分的注意力就是覺察。」

當自己被消極情緒占領的時候，我們就非常需要這種「暫時跳出眼前情景」的覺察能力。如果你想要提升對自身情緒的識別能力，那麼不妨嘗試一下冥想吧。

掌控情緒的高手，都懂得反其道而行之

前些日子，朋友華子剛剛買了一輛新車，於是開車帶我出去兜風。

由於華子是新手，他剛開始有些緊張，雙手緊緊地握著方向盤，我覺得整個車廂的空氣都充滿了壓力。為了緩和這股緊張情緒，我故作輕鬆地和華子聊天，對華子的駕駛技術不斷做出積極的肯定。慢慢地，華子放鬆下來，開始享受駕駛的樂趣。

然而，新手畢竟是新手，在過一個路口的時候，華子變換車道的速度太快，導致後方的那輛車緊急煞車。後面的車主顯然受到了驚嚇，開始一個勁地按喇叭表示不滿。我和華子開始變得緊張不安，希望這件事能趕快過去。

然而，事不遂人願，後面的那輛車開始加速、變換車道、超車，然後把我們這輛車逼停了。對方的車打開了雙黃燈，一個女司機從車上走下來，然後怒氣沖沖地朝我們這輛車走過來。女司機很快走到我們這輛車跟前，急速敲了兩下車窗，示意我們把

車窗搖下來說話。

這個時候，從後面那輛車的副駕駛座位上走下來一位高大威猛的先生。不過，這位先生並沒有跟著這個女司機一起走過來，只是遠遠地用手指著我們的車，嘴裡貌似喊著諸如「給我老實點」這樣的話。

我趕忙跟華子說：「好漢不吃眼前虧，我們道個歉趕快走吧。」沒想到，生性倔強的華子沒有搖下車窗說話的意思，他竟然——直接打開了車門！

我的心裡馬上開始變得緊張起來，心想華子可別和對方打起來啊。因為和華子這麼多年的交情告訴我，為了爭一口氣，華子很容易衝動行事。

我剛想要上前勸華子冷靜下來，沒想到華子深沉地望著這個女司機，停頓了一下，然後非常誠懇地向他鞠了一個躬！

華子接著說：「不好意思啊，都是我的錯。我是一個新手，讓您受驚嚇了，真的對不起！」

女司機見狀，整個人都鬆軟了下來，完全沒有了剛剛那種氣勢洶洶的態度，只是嘴裡嘟囔著：「以後開車小心點，你這樣開車實在是太危險了。」

然後，女司機回到車上，開著車揚長而去，事情就這樣過去了。

華子重新回到車上之後，我非常好奇地問他：「我還以為你會衝上前去和女司機理論呢！為什麼今天你如此淡定和冷靜呢？」

華子一字一頓地說道：「說來也怪，推開車門的一剎那，我的確是想要和這個女司機爭論一下的。可不知道為什麼，我的大腦中忽然出現了一個念頭：和他爭論下去，我可以清楚地預測到事情的結局，無非是雙方到最後都很生氣，你不服我、我不服你。而我今天一天的好心情都會被影響。

「於是我就想，既然能猜到結局，為什麼不換一種方式來處理呢？於是，我選擇反其道而行之，用誠懇的道歉來請求對方的原諒，而不是火上加油，和對方無休止地吵下去。這樣一來，對雙方都有好處啊。」

華子說完上面這段話之後，我立刻覺得他在我心中的形象高大了起來。這一刻，我覺得他就是掌控情緒的高手。

常言道，不要在同樣一個坑裡跌倒兩次。然而，多年的諮商經歷告訴我，太多的人過分執著於一些錯誤的行為方式，然後在同樣一個坑裡跌倒了很多次。

比如，我認識的一個兄弟大亮。大亮讀大學的時候就脾氣暴躁，到了工作的時候，他還沒改掉自己的臭脾氣，結果工作做了沒幾個月就和公司老闆吵了起來，一氣之下辭掉了工作。後來，大亮因為脾氣暴躁，和老婆之間的關係也鬧得很僵。還有一次，大亮約我一起打籃球，因為一點小摩擦，在球場上差點和別人打起來。

總之，他的脾氣太暴躁，總是給人留下一種ＥＱ太低的感覺，最終也使他的工作和生活屢屢受挫。

如果我們不去主動反省自己的情緒反應模式或者行為模式，只是按照自己習慣的方式或者順應自己的衝動去行動，就很容易讓生活的悲劇重複上演。

而掌控情緒的第一步是，要能覺知自己所習慣的消極情緒反應模式。我們可以這樣思考：「既然這種消極的情緒反應模式不利於問題的解決，我為何還要一直堅持用錯誤的方式來處理問題呢？為何不嘗試換一種方式來處理問題呢？」

一旦開始嘗試詢問自己上述問題，我們就算具備了情緒的後設認知能力，進而就會具備掌控自己情緒甚至掌控自己生活的能力。

朋友華子在面對氣勢洶洶的女司機的時候，忽然改變了處理問題的思考模式，放棄了「針尖對麥芒」的衝動，轉而採用相反的方式——透過向對方鞠躬、向對方道歉的方式巧妙化解了人與人之間的衝突。

這種「反其道而行之」的做法，對於我們處理很多情緒類的問題，都有著很好的借鑑意義。例如，有的人在心情感到憂鬱的時候，很容易產生迴避人際溝通的行為傾向。可問題是，我們越迴避人際溝通，就越無法找到一個人去傾訴心聲，心情就越容易低落，最終陷入惡性循環，進而會發展成更嚴重的心理問題。

這個時候，如果你能夠反其道而行之，即使自己不情願，也要促使自己保持正常、充實的社交生活，則有助於讓自己戰勝憂鬱的情緒。正如心理學當中的森田療法所強調的那樣——像健康人那樣行動，就能讓自己成為健康的人。

再比如，有的人在感到焦慮的時候，很容易像上癮一般地在大腦中反覆思考各種最壞的結局。這種思維的反芻，不僅不利於問題的解決，反而會導致一個人在負面情緒中越陷越深。

這個時候，如果我們能夠反其道而行之，制訂一個詳細的行動計畫，減少思慮的時間，多去採取行動，少想多做，就更加有助於走出焦慮情緒。

有一次出門，我用電話叫了一輛計程車，因為司機來得有點晚，所以一上車我就隨口說了一句：「司機先生，是不是路上很塞，我們都等了十五分鐘了。」

沒想到司機說話很衝，馬上就回我一句：「開車不是像你想的那麼容易的，也不是加加油門、踩踩煞車就可以的。」聽完這話，我感到很生氣。按照我以前的脾氣，很容易和對方爭論起來。

後來我就嘗試用「反其道而行之」的方法，心想這個司機可能跑了一天車太累了，就沒有和司機做過多的互動。我依然保持和顏悅色，和家人聊起天來。過了一段時間，司機逐漸冷靜下來，對我的態度也開始變得友善。

下車的時候，他非常客氣地說了一句：「您慢走啊，別忘記隨身物品。」看，一次人際衝突就這樣避免了。

總之，如果你經常因為同樣的事情而引發情緒危機，不妨反其道而行之，換一種應對方式試試看吧，或許會獲得不一樣的驚喜。

運動，是身體的一劑良藥

讀高中的時候，我酷愛踢足球，踢足球是我在高中校園唯一的樂趣所在。那時候，我最害怕聽到兩個消息：第一，明天要考試；第二，體育課被取消了。

有一次，外面下著小雨，班導告訴我們：「因為今天天公不作美，外面下雨了，所以體育課被取消了，大家在教室自習吧！」一個膽大的男同學馬上質問老師：「為什麼又要取消體育課？外面的雨下得又不大！」班導馬上說：「如果不怕被雨淋，你們就出去自由活動吧！」

說時遲、那時快，在班導驚訝的眼神中，我們班幾乎所有的男生都跑出了教室，在操場上踢起球來。沒想到，雨越下越大，大到我們都無法睜開眼睛，足球也很難順利地在草皮上滾動了。

但是，大家都太渴望運動了，沒有一個人願意回教室。

這時候，不知道是誰提了一個建議，我們馬上開始全體照做——大家每人找來一把傘，然後一邊撐著傘，一邊在操場上踢足球。十幾年過去了，這個場景一直留在我的腦海中。

如果說整個高中生活都是心情低沉的黑色記憶的話，那麼這個場景就是我高中時代為數不多的彩色記憶。後來，我們班組成了班級足球隊，差不多每週都可以踢一場足球。在高中那段特別難熬的歲月裡，踢足球幾乎成了我唯一的快樂來源。

在大學校園，再也沒有班導師霸占體育課了，上體育課真的變成了一種享受。於是我先後選修了足球、籃球、排球。每一門課，我都很喜歡，也都學得很認真。

我記得，當年選修的籃球課是下午第一堂課。我們可以在中午美美地睡個午覺，然後起來去上課，那真是一種特別美好的回憶和體驗。

直到現在，我的典型的美夢場景都是，換上一身輕便的衣服，然後心情放鬆地去上體育課。而我的典型的惡夢場景就是，坐在考場上寫數學題，很多題目都不知道該如何求解。

在讀大學期間，我的興趣慢慢從足球轉向了籃球。一個簡單的理由就是，與踢足球相比，打籃球更容易湊齊人數，因為六個人就可以打半場、十個人就可以打全場。此外，我認為與踢足球相比，打籃球更加容易進球和得分，因此也更加容易讓自己有成就感。

後來，讀研究所的時候，我也一直有打籃球的習慣。但遺憾的是，在我失眠和憂鬱的那一年裡，我變得有點自我封閉，不太願意與別人交流，因此也很少和朋友們一起去打籃球了。

現在回想起這段經歷，不禁覺得有點惋惜——如果我當年能夠在心情低落的時候依然堅持走出寢室，多去運動，說不定就可以更早地使自己憂鬱的心情得到治癒。因為腦科學的研究顯示，運動可以有效緩解壓力和焦慮情緒。

工作的前兩年，我依然沒有認知到運動的重要價值。那段時間，自己還沒完全摸到努力的方向，很容易焦慮，身體狀態也很差，三天兩頭地感冒。

後來，我開始參加教職員的籃球活動，每週一和週四下班之後到體育館打籃球，每次運動一個小時左右。除了晚上要上選修課的日子，我都會到籃球場上活動一下。如果時間特別吃緊，我就會選擇去操場上跑兩圈。

每次運動完，尤其是在洗完澡之後，我都會感到渾身舒爽。這種美妙的感覺，進一步促使我不想錯過任何一次打籃球的機會。尤其是在我工作壓力和學業壓力最大的時候，我感到堅持打籃球可以讓我變得精力充沛、睡眠得到保障、大腦運轉起來更有效率，而不至於被壓力壓垮。

剛剛開始打籃球的時候，我很容易運動過度，一旦開心起來，就會連續打將近兩個小時。結果休息一個晚上之後，我依然覺得渾身疲憊，接下來的幾天都會腰酸背痛，無法恢復正常。後來，我慢慢把握好了尺度，基本上運動一個小時就收手。經過反覆試探，這種運動強度恰好可以保證我晚上睡好覺，第二天又不至於感到太累。最好的運動狀態，其實就是要在「過度」和「不及」之間做到「適度」。

寫這篇文章的時候，我基本能夠堅持做到每週兩次的有氧運動（打籃球為主），每天至少走一萬步。這些習慣，讓我覺得身體狀態比以前要好很多。

最近幾天，因為寶媽和寶寶都患了感冒和咳嗽，所以我晚上也經常要起來好幾次幫幫忙，很難睡一個完整的覺，然後早上還要五點半起床坐地鐵上班。

要是在以前，我肯定會覺得心煩意亂、體力不支。但是，這一次我卻覺得自己還有足夠的精力可以應付白天的日常工作。這一切，都要歸功於自己對於運動好處的認知，以及最近這幾個月所養成的運動習慣。

我的一個學生，他因為生性敏感、晚上總是睡不好覺，所以經常過來找我聊天以紓解情緒。我向他提了很多建議，甚至對他的原生家庭、成長經歷都做了很多分析，讓他的心情感到舒暢很多，但是他的睡眠始終沒有得到太大的改善。

後來，我憑直覺向他提建議：「我覺得因為你很容易多想，所以你的腦力活動和體力活動是不平衡的，你不妨嘗試去多運動，看看是否有效果。」沒想到，這一招最終有了療效。

在寫作方面，我特別喜歡的一位作家是村上春樹。他是一位特別多產的作家，也是一名運動高手。在《關於跑步，我說的其實是……》一書中，村上春樹詳細分享了自己的運動經驗。

他提到，自己幾乎每天都會堅持跑步，並且堅持跑了二十幾個全程馬拉松。運動為他的身體帶來了持續的愉悅感，並且為他伏案寫作提供了源源不斷的動力。

現代人很容易痴迷於那些坐著不動就能享受到的快樂捷徑，例如不停地滑手機、網路購物、沉迷於網路遊戲等等。這些過度的腦力勞動，很容易讓一個人感受到精神的空虛。如果我們想讓生活變得腳踏實地，就趕緊運動起來吧！因為運動就是身體的一劑良藥。

總之，透過回顧自己這些年和運動有關的經歷，以及對相關腦科學知識的學習，我越來越感受到運動的重要性，並且後悔自己沒有早早明白這一點。對於經常用腦或者精神空虛的人來說，一定要牢記：努力讓自己養成運動的習慣，因為只有讓腦力勞動和體力勞動達到平衡，生活才能過得欣欣向榮。

chapter 8

接納真實的自己：成為夜空中最亮的星星

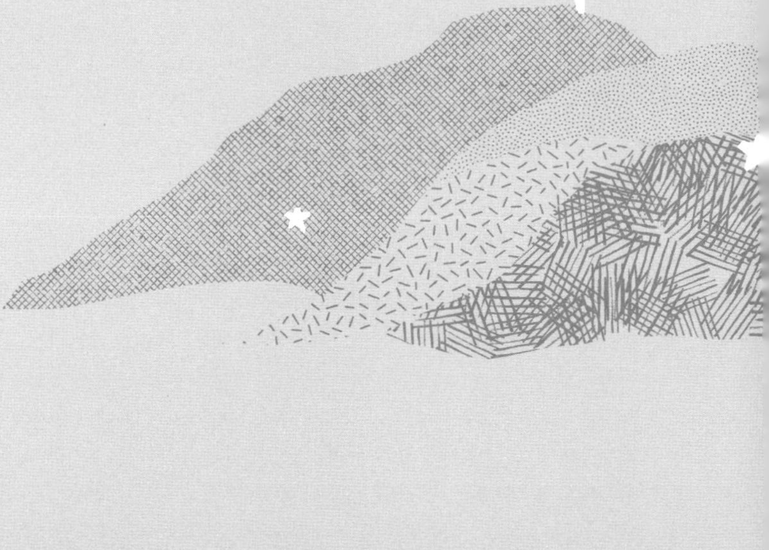

不要讓童年的不幸成為一生的詛咒

我的一個學生，畢業半年都沒找到工作，在家待業。他的媽媽很著急，想讓我勸勸孩子。和這個學生才聊了幾句，我就能感受到他對媽媽深深的怨恨以及對整個家庭的不滿。

這個學生告訴我，他的父母在他小的時候就經常吵架，這種充滿火藥味的家庭環境對他的心靈造成了很大的傷害。

後來父母離婚了，他跟著媽媽過著縮衣節食的生活。雖然不需要再忍受父母的爭吵，但是他覺得媽媽對他管教得過於嚴格，讓他沒有機會自由發展。比如，他曾經想考一個會計證照，但是由於媽媽多問了幾遍，他就覺得這是媽媽不信任他的表現，索性就不再讀了。

「要麼就不管我，要麼就什麼都要管，我的人生都被他給『管』廢了。」這就是這個學生對他的媽媽所下的最終結論。

說實話，在之前從事心理諮商的過程中，我不只一次地聽到過類似的論調：「現在的我之所以發展得不如意，是因為我有一個不幸福的童年，我的原生家庭有很大的問題。」

我實在無法認同這一觀點。雖然佛洛伊德提出，一個人在童年時期所經歷的創傷會對一個人的人格產生很大的影響，但是童年時期的經歷，不足以成為一個人長大之後諸事不順的核心原因。

因為我相信：人是具有主觀能動性的，是具有自我覺察和自我反省能力的，可以選擇用成長式的思維去面對已經發生的問題。

正所謂：「我命由我不由天。」正向心理學之父馬汀・塞利格曼在《真實的快樂》一書中也明確地指出：「童年時期的不幸，不應當成為一個人一生的詛咒。」

那麼，為什麼總有人喜歡把自己在現實中發展的不順歸咎於原生家庭的不幸呢？最近我正好在讀一本探討阿德勒心理學的書——《被討厭的勇氣》。這本書所給出的答案是：喜歡談論童年不幸的人，往往是為了逃避現實中所碰到的問題，而選擇從過去的痛苦經歷中尋找一個不思進取的依據。

書中直接了當地寫道：「那段包裝在不幸之下的過往，正是他們所需要的。換一種更嚴厲的說法來說明，他們不過就是藉著沉溺於悲傷這壺烈酒，來試圖忘記如今不得志的痛苦。」

也就是說，人們首先是為了達到「逃避現實」這個目的，才會去反覆訴說「童年不幸對自己的消極意義」。

要知道，在很多人的童年經歷中，除了有不幸福的經歷，還有幸福的經歷。但是人們會選擇性地遺忘那些幸福的經歷，專門有針對性地挑選那些不幸福的經歷，以滿足「為現實中不得志的自己找理由開脫」這一目的。

說了這麼多，那麼我們究竟應該採取何種態度來面對童年時期的不幸福經歷呢？套用二十世紀最偉大的一句「雞湯」：接受不能改變的，改變可以改變的。

一、試著接受不能改變的

不幸福的童年經歷已經發生，就擺在那裡。我們無法倒撥時鐘，阻止事情的發生。而且，一味地訴苦只會讓我們在痛苦中越陷越深。

我的童年也不幸福。從讀小學開始，父母就長期在外地做生意，除非逢年過節，我很難見他們一面。讀國中的時候，家裡又發生了重大變故，而我不得不融入一個新的家庭。

但是我知道，我的媽媽為了我已經付出了最大的努力。即使在經濟上最難熬的時候，他也沒有忘記努力存錢供我讀大學。其實，存錢供我讀大學，就是媽媽表達對我關心的方式，至於為什麼媽媽沒能在精神上給我充分的理解和關愛，也是由他的原生家庭所決定的。因為我的外婆當年也沒有給我的媽媽在精神上充分的關愛，所以媽媽也不懂如何對自己的孩子給予精神上的關愛。

這幾年，媽媽養成了一個很好的習慣——開始在手機上聽書。他在不斷提升自己修養的同時，也悟出了很多人生的道理。他甚至會經常跟我說：「之前我也不知道該如何做媽媽，給你的關愛太少了。現在明白了，我會多關心你的。」每次在電話裡聽到媽媽說這些話的時候，我都有種想哭的衝動，同時我感覺到，我已經慢慢地和之前不太幸福的童年經歷和解了。

二、嘗試改變可以改變的

喜歡訴說自己不幸福的童年經歷的人，雖然各自的經歷不盡相同，但是在訴說自己的痛苦經歷時，他們往往會遵循這樣一個統一的範本：可惡的家人、可憐的自己、我實在是無能為力。

然而，這種訴說不能解決任何問題，只會讓自己更加具有悲劇的氣息。我們要想打破這種惡性循環，就需要問自己這樣一個具體的問題：我究竟應該做些什麼，才能改變現實？

關於這個問題，有一天我忽然想通了。

也許童年的成長經歷讓我變得內向、敏感、缺乏安全感，甚至沒有自信心，但是我相信可以透過努力，成長為更加精彩的自己。

比如，我認知到內向敏感的性格賦予了我思考的深度和獨特的洞察力，讓我在寫作方面更加具有優勢，也讓我有機會成為報紙和雜誌的專欄作者，出版了幾本大眾心理學的書籍。

再比如，缺乏安全感的我，不敢輕易停下奮鬥的腳步，從而讓我非常有上進心。當身邊有的朋友開始享受歲月靜好的時候，我依然保持著前進的姿態。

還有，雖然我是一個缺乏自信心的人，但是我沒有忘記班杜拉的自我效能感理論——人的自信心往往來自成功經驗的累積。於是，我不斷地挑戰自己的舒適圈，不斷地去累積各方面的成功經驗。例如，當我害怕當眾演講的時候，我就努力累積在演講方面的成功經驗，不斷爭取當眾發言的機會。當我在演講方面累積的成功經驗越來越多的時候，我就開始在演講方面變得更加自信了。

這個時候，我忽然體會到，也許缺乏父母的鼓勵或者缺乏一個支持性的成長環境會讓一個人變得自卑，而這些原生家庭所帶來的東西很難在短時間內得到改變。

但是，我們可以透過自己的努力，一點一點地累積人生的成功經驗，讓自己變得更加自信。

輸在起跑線上的人，可以透過自己持續不斷的努力，贏在終點線。

請告訴自己：我有資格擁有最好的生活

前段時間，丹尼跟我講了他小時候的一段經歷。他讀小學的時候，一種叫作電腦學習機的東西（可以用電視當螢幕來練習電腦打字的機器）剛剛興起，他非常希望自己也能夠擁有一臺。

和媽媽一起去商場看了好幾次，每次丹尼都忍不住在櫃檯前徘徊。

媽媽告訴他：「如果你考進班級前十名，我就幫你買那款八百元人民幣一臺的最好的學習機。」於是丹尼拚命讀書，終於考進了班級前十名。

這一天終於到來了。但是在真正購買學習機的時候，媽媽臨時決定購買另外一臺價格相對便宜，但是少了很多功能的六百元人民幣的學習機。

而且媽媽在掏錢的時候，忍不住哭了起來，因為他覺得賺錢不容易，花了這麼多錢很心疼。

媽媽的舉動讓丹尼產生了深深的內疚感。他覺得自己的欲望是有罪的，給媽媽造成了額外的傷害。

後來，類似的事情不斷地在丹尼身上發生。這些事情在他的頭腦中植入了一種限制性信念：我沒有資格過最好的生活。

丹尼現在早已過了而立之年，也有一份不錯的工作，但是無論在工作中還是在生活中，他都不敢爭取最好的東西。因為潛意識告訴他：自己的欲望是有罪的，自己沒有資格擁有最好的東西。

在買衣服、買鞋的時候，他總是喜歡買打折的。買了新衣服之後，他總是不願意馬上穿，因為他覺得這樣做太顯眼。在原先的工作中，部門中曾經有晉升的機會，即使有這個實力，他也不敢全力爭取。

有一次，丹尼告訴我，不知道為什麼，即使自己的好勝心相當強，在所有的競爭中也不願意成為第一，他最多只想競爭第二的位置。

雖然丹尼在各方面都表現得很努力，但是「我沒有資格得到最好的」這一信念，始終讓他的個人發展不上不下。在他人生的幾個重要轉捩點，他好像都沒有拚盡全力，故意「放水」了。

我和丹尼有很多相似的經歷，因此我們在性格上有很多共同點。即使我現在手頭已經存了一點錢，每次買運動鞋或者買衣服，也總是想去買打折的。因為在我的潛意識裡，我經常會覺得自己沒有資格擁有好的生活。

這一點，在我的兩次升學經歷中表現得特別明顯。

在大學入學考前的最後一次模擬考試中，我考了讀高中以來唯一一次的全班第一名（之前我通常都是排第二名）。這個成績在全市排到了前三十名，老師也因此把我當成了第一志願大學的優等生來看待。

這一切都給了我很大的壓力。自從考了第一名之後，我經常在夜裡失眠。最後大學入學考成績出來了，卻和第一志願大學的最低錄取分數差了幾分，我只能去一所普通大學。

當時，包括班導師在內的周圍很多人都覺得我太可惜，他們建議我重考，來年再戰，爭取考上第一志願大學。但是我對自己沒有更高的要求，因為我覺得去一所普通大學也挺好的。

在大學裡，我當了班代，很積極地去參加一些活動，累積了一些自信。但是在考研究所的時候，我還是沒有勇氣去報自己最心儀的那所知名大學。最終，我再次心安理得地去了一所一般大學讀研究所。

後來，我有機會出版自己的第一本書。其實只要我稍微肯努力一下，或者稍微再耐心地等待一下，就有可能會談到更高的版稅、獲得更好的宣傳資源，但是我顯得毫無自信，急不可耐地和一家圖書公司簽訂了出版合約。

最終的結果就是，由於我沒有足夠多的話語權，圖書的封面和內容排版都不夠美觀，而且圖書定價偏高，也在一定程度上限制了圖書銷量。

雖然讀過這本書的大部分朋友都回饋說書的內容很不錯，這本書在網路書店和豆瓣網站上也得到了很高分的評價。但是很遺憾，這是一個酒香也怕巷子深的時代，因為圖書行銷不夠到位，所以這本書的銷量遠遠沒有達到我的預期。

讓人感到欣慰的是，這本書是由北京的清華大學出版社出版的，合作的那家圖書公司在後期也竭盡全力地做了一些市場宣傳。

然而只有我自己知道，為了能夠出版自己的第一本書，三年多來，我幾乎把所有的業餘時間都放在了寫作上。但是因為「我沒有資格拿很高的版稅」、「我沒有資格找最棒的圖書出版公司」等限制性信念的存在，讓我在需要完成最精彩的臨門一腳的時候顯得毫無自信，最終導致自己和更好的機遇或者更高的平臺失之交臂。

在一次心理學課程的培訓課程裡，課程即將結束時，有一位先生上臺發言，他的發言內容讓我印象特別深刻。

這位先生是當地的一位知名企業家。在臺上，他深情地感謝了自己的老婆，他說自己現在所獲得的成就，都是被他的老婆誇出來的。

剛畢業的時候，他在一家公司工作，雖然有些不安於現狀，但是又缺乏改變的自信和勇氣。

但是他的老婆一直在鼓勵他、誇他，暗示他有商業頭腦，相信他可以成就一番事業。在老婆的不斷鼓勵下，這位先生終於鼓起勇氣做出改變的抉擇，最後真的成了老婆所期待的那番模樣。

心理學上有一個名詞叫作自我實現的預言，當我們深受某些信念影響的時候，這些信念最終就真的會變為現實。

同樣的道理，當我們覺得自己沒有資格得到最好的東西的時候，在潛意識的影響下，最終我們就真的會和最好的東西失之交臂。

作為一名心理學的愛好者，我經常進行自我分析。在自我分析的過程中，我越發覺得自己的行為方式中深深地表現了原生家庭的烙印，這讓我看到了原生家庭對一個人的巨大影響。

我並不是在這裡教唆大家去怨恨自己的原生家庭或者去責怪自己的父母。因為很多父母已經在竭盡全力地愛孩子了，而他們所傳遞給孩子的一些限制性觀念，往往是由他們成長的環境決定的，然後他們又以一種集體無意識的方式傳遞給了孩子。

我寫這篇文章的目的，是想和大家一起更好地覺知自己身上所存在的問題。而對問題的覺知，往往就意味著改變的開始。

武志紅在《心靈的七種兵器》一書中提到，我們不僅應該明白問題是如何產生的，同時也應該明白，「我不再是當年的那個小孩，已經是一個強壯有力的成年人了。我沒有必要像過去那樣，用一些自我欺騙的方式保護自己不受傷害」。

我們應該每天自信地告訴自己：「我有資格擁有最好的生活。」請相信我，改變會慢慢發生的。

勇於擁抱自己的陰影，才能活出人生的光明

朋友凱文的臉上幾乎天天都掛著笑容，還經常在社群動態發一些正能量語錄。然而，有一天，他發私訊對我說，最近他一直失眠，想和我聊聊。

深聊一番之後，我才發現，他的內心深處藏著深深的憂傷。他告訴我，自己的童年過得極其不幸福，父母經常爭吵。在他讀小學一年級的時候，父母到外地工作，他被送到爺爺奶奶家寄養。

他始終有一種被拋棄的感覺，一直沒有什麼安全感。直到現在，他和爸媽的關係都很緊張，和妻子之間也經常爆發爭吵。

單從外表看，你永遠不會相信凱文是一個如此憂傷的人。因為在和朋友聊天的時候，他總能輕易就把大家逗得哈哈大笑。有時候，別人的笑聲都停止了，他還能繼續笑上一段時間。

不過，每次在他大笑的時候，天生敏感的我，總能嗅到一絲不對勁。直覺告訴我，他的這種過分的哈哈大笑，彷彿在掩蓋某種憂傷。

而和凱文的這次深入談話，進一步印證了我的一個觀點：**一個過分快樂的人，他的內心可能是極度悲傷的**。

正如太極圖是由陰和陽兩個部分構成，每個人其實也都有兩面——光明的一面和有陰影的一面。

所謂光明的一面，是指我們樂意在別人面前所展示的一些特質，如我是一個快樂的人、乖巧的人、謙遜的人等。而有陰影的一面，則是指我們盡力掩飾的一些特質，如我是一個悲傷的人、粗暴的人、自大的人等。

同時，光明面和陰影面是對立統一的，共同存在於一個人的身上。正如凱文一樣，他既具有快樂的一面，同時又隱藏著悲傷的一面。

一個過分乖巧的人，他的內心很可能隱藏著極大的攻擊性。比如，有一種常見的說法——老實的孩子反而會闖大禍。

一個過分謙遜的人，他的內心可能是極度自大的。我認識一位年長的培訓師，平時和他相處的時候，他總是表現得特別謙遜。即使面對比他小十幾歲的人，他也依然尊稱對方為「您」。

但是一旦走上培訓講臺，他就瞬間變得意氣風發，甚至經常會表現得「目中無人」，過分炫耀自己所獲得的成就和榮譽。

讀到這裡，也許有人會問：既然人們都有光明的一面和陰影的一面，那麼人們為什麼會隱藏自己有陰影的那一面呢？答案是，為了在與人相處的過程中保護自己。

為什麼一個過分快樂的人不敢去展示自己的悲傷呢？因為在他小的時候或者成長的過程中，當他在展示出悲傷的時候，得到的往往不是理解和同情，而是訓斥或打擊。時間久了，這個人就會產生一種自我保護的傾向，把自己悲傷的一面隱藏起來。

人都有一種隱藏陰影的本能傾向，可以讓我們在某些時候避免受到傷害。但是，如果我們總是拒絕接納自己身上的陰影，就很容易使我們的生活出現問題，尤其在與人交往方面。

說得具體點就是，如果一個人不去整合和接納自己的陰影部分，就很容易在潛意識的驅使下，將自己身上的陰影投射給別人。

顯而易見，與討厭自己相比，討厭別人更容易一些。

於是，不肯接納自身陰影的人，很容易覺得自己被一些討厭的人所環繞，從而使人際關係處於種種不順遂的情境之中。但是實際上，這都是由於他們不肯接納自身陰影所造成的。

所以說，接受並整合自身的陰影，可以幫助我們更好地了解自己，讓自己變成一個完整的人，同時使我們的人際關係變得更和諧。

那麼，我們該如何發現並接納自身的陰影，從而使我們成為一個完整的人呢？在《活出全新的自己》一書中，作者講了六個通俗易懂的步驟，可以供大家參考。

第一，找出你最討厭的人身上的一個特質。這個特質通常會引發你的強烈情緒。

自我舉例：我最討厭高高在上、看不起別人的人。

第二，從童年時期開始回顧，你在何時遇到過這樣的人？你家裡有誰是這種人？

自我舉例：上小學的時候，我從鄉下小學轉到城市小學讀書，同學中有人嘲笑我是「鄉巴佬」。就連國文老師都看不起我，在我一次考試成績不理想的時候，他說：「你最好回鄉下好好待著。」

當年我大學入學考分數不理想、沒有考上第一志願大學的時候，家裡有親戚對我冷嘲熱諷，讓我在家庭聚會的時候抬不起頭。這件事對我影響很大。

第三，你是否曾經對其他人做過同樣的事？在回想這些往事的時候，你是否覺得有些羞愧？

自我舉例：有時候，我會對有些向我討教心理學知識的人或者誇讚我的人顯得過於高傲，甚至表現出異乎尋常的冷漠。也就是說，自己有時也會看不起別人。這些事讓我感到羞愧。

第四，你在什麼時候曾經對你自己也做過同樣的事情？

自我舉例：考研究所的時候，我有些看不起自己，不能客觀評價自己的實力，不敢選擇更好的學校和科系；在做職業選擇的時候，總是傾向於低估自己。

第五，你最討厭的這個特質（陰影），在你成長的過程中對你有何幫助？

自我舉例：因為害怕被別人看不起，這些年來一直在拚命提升自己，包括不斷寫書等等；因為總是覺得有些自卑（看不起自己），所以不敢放鬆自己，總是在努力超越自己。

第六，找出這些幫助之後，帶著感恩的心看著這個特質（陰影），並且嘗試著去接受這個特質（陰影）。

自我舉例：接納自己的陰影之後，我覺得內心平靜了很多。

我希望上述六個步驟也能幫助你發現自身的陰影，進而幫助你更好地整合和接納自己。最後，我想用《菜根譚》中的一段話作為文章的結尾，因為這段話道出了「陰影」的重要性：「糞蟲至穢，變為蟬而飲露於秋風；腐草無光，化為螢而耀采於夏月。故知潔常自汙出，明每從晦生也。」

當你勇於展現脆弱的時候，內心才會走向強大

有一段時間，可能是因為把自己逼得太緊了，所以感覺壓力很大，身心俱疲。連續兩天晚上，我端坐在電腦前準備寫文章，結果兩個小時過去了，在鍵盤上敲出來的字卻沒超過兩行。

沒有按照計畫完成寫作任務，我開始變得有些急躁和心情不好。於是，我破天荒地在網路上發了一則不幸福的動態貼文：「最近感覺很忙很累，身心疲憊，現在我想按下暫停鍵，好好休息一下。」

要知道，以前的我，只喜歡在社交平臺曬自己強大的一面，如自己所寫的某一篇文章又被某個知名平臺轉載了、自己上的幸福課多麼受歡迎等等。

然而，沒想到這則展示自己脆弱一面的動態，很快就收到了上百則的關心和回覆。很多朋友和學生都過來安慰我：「小宋老師辛苦了。」「小宋老師我請你吃

糖。」「小宋老師好好休息。」「老師，你需要捧一杯奶茶，看一個搞笑的節目。」」

以前的我，總是努力想要在別人面前展現自己強大和完美的一面。有時候，這讓我覺得自己活得很假、很累。當我鼓起勇氣展現自己脆弱一面的時候，得到了很多的關心和理解，我覺得心裡很暖。更重要的是，我覺得自己的心情很快就得到了修復。

在《脆弱的力量》一書中，作者布芮妮・布朗寫道：「在當今社會，展現脆弱的意義非同尋常。」因為脆弱的背後隱含著很多的能量，所以一味地壓抑，只會讓一個人失去生命的活力。

如果我們能接納自己脆弱的一面，並且能以適當的方式表達出來，然後得到他人的理解和關心，我們的內心就會變得強大起來。

那麼，拒絕展現自己脆弱的一面會有哪些危害？

為什麼人們會害怕展現自己脆弱的一面？

如何才能更好地去表達自己脆弱的一面？

接下來，就讓我們從以上三個問題入手，重拾脆弱背後所隱藏的心理能量。

我們先來看第一個問題：拒絕展現自己脆弱的一面會有哪些危害？

首先，無法展現脆弱的人，容易變得麻木，同時也會喪失對快樂的感受力。梅爾夫人（以色列女性政治家）曾經說過，那些不知道用整個心去哭泣的人，也不會知道如何開懷大笑。

對於很多人來說，對付脆弱的唯一方式就是麻木自己，比如沉溺於遊戲、不停地忙碌、酗酒等等。這些麻木自己的方式，雖然可以暫時讓你逃避痛苦，但是並不會讓痛苦輕易從你的心底走開，時間久了，還會讓你喪失對快樂的感受力。

其次，無法展現脆弱的人，很容易變得憂鬱，喪失生命的活力。

如果一個人不敢表達自己脆弱的一面，就會阻礙他獲得真正的愛和歸屬感。真正的愛，就是當我們把自己最脆弱的一面坦露給對方的時候，依然可以得到對方的支持、珍視和喜愛。而真正的歸屬感，就是當我們展現自己真實一面的時候，依然可以被接納、被認可。而愛和歸屬感的缺失，會讓一個人失去與外部世界在精神上的連結，從而變得憂鬱，喪失生命的活力。

在《脆弱的力量》一書中，作者寫道：「坦露自己或許痛苦，但遠不如我們用生命躲避它來得痛苦；承認自己的弱點或許危險，但遠不如我們放棄愛、歸屬感和喜悅來得危險。我們只有勇於探索黑暗，才能發現無限的光明。」

接下來，我們來看第二個問題：為什麼人們會害怕展現自己脆弱的一面？

首先原因可能是：當一個人在表達出自己的脆弱一面之後，得到的不是支持和理解，而是被忽略和二次傷害。

例如，你向另一半說：「我最近壓力好大，有時候壓力大得想哭。」他的回覆卻是：「其實我的壓力比你還要大，只不過我沒說出來而已。最近主管安排我去做一個專案，我到現在還沒有頭緒……」這是一種典型的「你慘，我比你還要慘」式的回覆方式。

例如，你向另一半說：「我最近壓力好大，有時候壓力大得想哭。」他的回覆卻是：「哦，飯做好了，趕快吃飯吧。」這是一種典型的「忽略感受」式的回覆方式。

例如，你向另一半說：「我最近壓力好大，有時候壓力大得想哭。」他的回覆方式卻是：「你這種樣子還是個男人嗎？動不動就想哭。」這是一種典型的「批判」式的回覆方式。

這些典型的錯誤回覆方式，會導致那些剛剛鼓起勇氣想要展現自己脆弱的一面的人偃旗息鼓，以後再也不願向對方表達自己脆弱的一面了。

第二個原因可能是：害怕表現自己脆弱一面的人，擔心自己表現出脆弱的一面之後會看起來不完美，自己不再值得被愛了。

在剛剛開始上幸福課的時候，我很害怕去展現自己脆弱的一面。

有時候，當我在全心全力投入地上課的時候，會有學生不停地和旁邊的同學聊天，注意力始終不在課堂上。

這時候，我會覺得很失望，甚至很生氣。但是為了保持自己完美的形象，我在課堂上強顏歡笑——作為一名幸福課的老師，怎麼能輕易表現出不高興的一面呢？但是，這種內心感受和面部情緒表現不一致的狀態，讓我在上完課之後感到身心疲憊。

後來，我允許自己在課堂上展現脆弱的一面，適當地表現自己的負面情緒。有時候，我會直接告訴學生：「你不停地在課堂上說話，讓我感覺很沮喪。同時，我也感覺有些生氣，因為我覺得自己沒有得到應有的尊重。」

表達出這些感受之後，我覺得自己的心裡暢快了很多。大部分學生也開始變得更加理解我，在課堂上聊天的現象開始逐漸減少。

下面，我們回答最後一個問題：**如何才能更好地去表達自己脆弱的一面？**

一、摘下完美主義的面具

前面提到，害怕展現脆弱一面的人，往往是害怕自己變得不完美，從而無法得到別人的喜愛了。從本質上說，苛求完美的人實際上是對自我的不接納。他們只允許自己存在積極的一面，而不允許自己存在消極的一面。

我們要想摘下完美主義的面具，就需要做到自我接納。自我接納，意味著對自己的全然接納，無論是積極的一面，還是消極的一面。而且只要一個人存在積極的一面，就必然會存在消極的一面。刻意去隱藏消極的一面，只會讓自己活得很虛假，不停地消耗心理的能量。而接受自己消極的一面，反而會讓我們的心理能量得到釋放。

二、選擇合適的人表達脆弱

如果逢人便說自己的脆弱和憂傷，那麼你會被別人當成新時代的「祥林嫂」。在職場中，稍有不慎，你的脆弱有時還可能被別人所利用，成為攻擊你的武器。選擇一個合適的人表達脆弱特別重要。那麼，什麼樣的人適合成為你的傾聽者呢？

這個人最好和你沒有任何的競爭關係。更好的狀況是，這個人發自內心地希望你更好。此外，這個人最好具有一定的同理心，並且願意花時間去傾聽你的故事。

讀到這裡，也許你會想到你的家人、你的伴侶、你的親密好友等等。如果考慮了一圈你都沒有合適的人選，那麼你可以找一個諮商心理師聊聊，因為他們完全符合上述條件。

三、花時間去經營親密關係

當一個人在表達出脆弱的一面之後，能夠被傾聽，同時又能得到及時的關懷，那麼這個人就會感覺到與他人之間有一種連結感。這種連結感，會滋養一個人的心靈。

我們若想要經常性地尋求到這種連結感，就需要花時間去建立和經營親密關係。親密關係就像一張防護網，可以幫助一個人在心情跌落谷底的時候提供一層保護。只有花時間去經營親密關係的人，才會在自己感到脆弱的時候得到另外一個人的關心和呵護。那麼，到底應該如何去經營親密關係呢？

用一句話來概括：你想要什麼，就要先給出去。也就是說，如果你想得到別人的傾聽與關心，那麼你就需要在別人表達脆弱的時候，給予別人及時的傾聽和關心。那些總是嫌關心別人太浪費自己時間的人，也會在自己感到脆弱時孤立無援。

接納真實的自己，才能活出更加精彩的自己

每當發展遇到瓶頸的時候，有的人會埋怨自己懷才不遇，有的人會覺得自己時運不濟。當我感到悲觀的時候，這些想法我統統都有。然而，我覺得上述歸因方式只會讓自己變得更加消極。其實，我們可以採用更加積極的心態去看待這個問題。

有一天在讀書的時候，我讀到這樣一句話：**一個人發展的最大阻礙就是自己**。我的心靈被重重地擊了一下。我覺得這句話說得很有道理。接著，我又問了自己一個問題：對於個人發展來說，目前我身上最大的阻礙是什麼？

前一階段利用生病休養的間隙，我對自己的性格特點進行了一次深度分析，總結出了自己人生發展的三大阻礙，需要在今後的日子裡好好突破，希望我總結的這些個人阻礙對你也會有所啟發。

第一大阻礙：急功近利，不懂休息

我是一個特別急功近利的人，總是希望能夠多、快、好、省地去做一些事情。這個特質好像一直都在追隨著我。

記得讀高中的時候，我讀過一本勵志書，書中講了一個瘦弱的青少年透過不斷地突破自我，拚命地鍛鍊和吃三明治，最終從一個滿臉痘痘的瘦弱小子變成了一位英俊瀟灑、威猛強壯的橄欖球隊隊員的故事。

作為一名資深瘦子，對於這種勵志故事我毫無抵抗力。當天晚上，我就開始了雄心勃勃的增肥計畫，在做了很多個仰臥起坐和伏地挺身之後，又逼著自己在晚餐之後多吃了兩包速食麵和四個雞蛋。

結果，我的胃疼了好長時間，休養了一個月才完全恢復。可以看出，當年的我是多麼著急地想要實現增肥目標。

當我開始執行一個讀書計畫的時候，馬上希望自己能夠一年讀完一百本書。當我開始在操場上跑步的時候，就希望自己馬上跑完十圈。

我想，在這急功近利的心態背後，是自卑的心理和不安全感在作怪。根據心理學家阿德勒的觀點，一個骨子裡感到自卑的人，會拚命地去尋找補償，不惜一切代價地去發展自己，從而安慰那顆自卑的心。而一個沒有安全感的人，會努力站在一個比別人都高的位置上，從而發展出一顆病態的野心，表現得急功近利。因為急功近利，所以我在很多時候都不懂得休息。由於不懂得及時休息，身體就容易出問題。

說實話，這種急功近利的心態真的很難突破。如果我在這裡說一些什麼「歲月靜好」、「身體最重要」之類的話，會覺得十分脆弱無力，甚至連自己都無法說服。

我想說的是，一個人只要生一次大病，立刻就會意識到身體健康的重要性。前些日子我生了一場不小的病，再稍微嚴重一點就需要開刀動手術了。這次生病，立刻讓我明白了要懂得放慢前進的腳步和保養自己身體的重要性。

在後來一個月的時間裡，只要是下班的時間，我都過得很隨性，幾乎沒有一次強迫自己去做一些力不從心的事情。僅僅這一點，就讓我感覺到了前所未有的輕鬆。要知道，之前的我通常會在一天的繁忙工作之後，強迫自己坐在書桌前繼續寫作，結果把身體累壞了。從今往後，我會慢慢地堅持下去。

第二大阻礙：過於敏感，缺少霸氣

在人際關係方面，我是一個過於敏感的人。別人的一個否定眼神，就很容易讓我胡思亂想很長一段時間。當我發訊息給別人，別人不回覆的時候，我馬上就會覺得心裡很忐忑。

記得有一次快要下班的時候，我剛剛從教室走出來準備回辦公室，回去的路上遠遠地看到一個人，覺得他很像我的一位老主管。但是因為我視力不太好，同時又急著趕交通車，所以就匆匆地走了，並沒有停下來和對方打招呼。

然而在接下來的時間裡，我的心裡就湧出一股焦慮的情緒。我開始變得惴惴不安，擔心得罪了老主管。後來，我開始運用自己所學的心理學知識，和自己的不合理信念進行辯論，讓自己的心情慢慢地平復下來。但是我的這種在人際關係中表現得過於敏感的心理傾向很難改變。

有的人說，人際關係問題是所有煩惱的來源，我對此深信不疑。由於在處理人際關係方面顯得過於敏感，我在處理人際關係的時候總是缺少足夠的霸氣。例如，我害怕拒絕別人，不敢對不合理的要求說「不」，同時，也容易因為過度考慮對方的感受而委屈自己。

其實一個人的缺點和優點就像是一枚硬幣的正反兩面，換句話說，缺點往往是放置錯誤的優點。我那過於敏感的神經，如果整天都用在處理人際關係上，就很容易把自己搞得緊張兮兮；但是如果用對地方，則會變成金光閃閃的優點。

最近我在讀王學富老師寫的《成為你自己》，讀到了很多精彩的觀點，如：「細膩的感情、敏感的神經，用於寫作，就容易寫出好看的文學作品。如果阻礙它、抑制它，就容易出現心理問題。

「敏感的神經裡隱藏著一種創造力。但是，如果這種創造力一直處於隱藏狀態，受到抑制，沒有找到自己的方式發揮出來，就會形成精神官能症。這就是資源受到壓抑的狀態，心理學上真正的醫治，就是釋放這種被壓抑、被禁錮的創造力。」

如果你和我一樣是個敏感的人，就要學會嘗試去發現敏感的好處，多順應自己的本性做事情，如進行寫作或者進行藝術創作等。如果我們能夠把「敏感」用對地方，就會讓缺點變成優點。同時，如果你的時間都被用來做能夠發揮優勢的事情，就沒有時間去為那些複雜的人際關係牽腸掛肚了。

第三大阻礙：想得太多，做得太少

我是一個很容易陷入無邊無際思考的人，連睡覺的時候也不例外，晚上我會做很多很多的夢。每天早上醒來以後，如果不是強迫自己馬上從床上爬起來，我就會躺在床上好長時間，用來思考各式各樣的問題。

在別人眼中看似一些無趣的小事情，在我心中都會停留很長的時間。例如，我會去思考某個人的一個下意識的小動作，到底說明他的心理發生了什麼樣的變化；我還會反反覆覆品味某個人說的某句話，不停地去揣測這句話的言外之意。

我還是一個很容易陷入對未來的焦慮中的人。例如，週末即將結束的時候，我就會十分擔心週一的一些任務是否能夠順利完成。由於想得太多，我會在腦海中不自覺地誇大一些任務的難度，很容易感受到各種壓力。

「想得太多」其實也就意味著「做得太少」。因為一個人的時間是有限的，當把大部分的時間都用來思考的時候，那麼用來做事情的時間就必然會減少。此外，當把一件事想得過於困難的時候，我們在做事情之前就會產生強烈的畏難情緒。這一切，都會導致執行力的欠缺。

但「想得太多」並不完全是一件壞事情，因為想得多的人往往在考慮問題的時候比較有深度。對於我來說，我特別喜歡和別人討論問題或者進行腦力激盪。尤其在輕鬆的氛圍中，我的腦海中很容易迸發出很多不錯的點子。

但是，一個人假如過於沉浸在綿綿無盡的思想世界中，那麼他的工作和事業都無法獲得大的進展。其中的道理很簡單——無論多麼深刻的思考，都是很難改變現實的，只有具體的行動才能改變客觀世界。

那麼，我們究竟如何做才能改正這種想得太多、做得太少的缺點呢？目前來說，對我最有價值的做法就是——堅持每天列出待辦事項清單。列好清單之後，我會按照重要性對這些待辦事項進行排序，先從最重要的事情開始做。透過這種方式，我的執行力提升了不少。

以上內容就是我對自己的全面剖析。我覺得一個人首先要接納真實的自己，對自己的個性有一個深入的了解和剖析，才能有機會揚長避短，活出更加精彩的自己。

chapter 9

經營好人際關係：慢慢成長為一名溝通高手

性格內向的人，也可以成為一名溝通高手

小松是一個性格內向的處女座男生。有一天，小松告訴我，他特別羨慕那些在社交場合中自信大方、能夠和別人侃侃而談的人。

而他，每次與別人交流的時候，雖然在心中憋了很多的想法，但是表達出來的永遠都只是冰山一角。「我一點都不喜歡自己內向的性格，我想要變得外向一點。」小松苦悶地說道。

我對小松說：「其實，性格沒有好壞之分。當內向者在想盡辦法變得更加外向的時候，外向的人也在為自己在溝通中遇到的一些問題而發愁。」例如，外向的人會感到疑惑：「為什麼很多人會嫌我說話囉唆、沒有重點？」「為什麼當我侃侃而談的時候，有人會覺得很無聊？」「為什麼我總是無法與別人進行更加深入的交談？」

國外有句諺語：「我們總會覺得鄰居家的草坪修剪得比自己家的好。」其實無論

是內向的人還是外向的人，都有機會成為一名溝通高手。據我所知，溝通大師戴爾·卡內基就是一個性格非常內向的人。

下面，我們就來重點看看，內向者在溝通中容易碰到的問題，以及如何克服這些問題，進而成為一名溝通高手。

首先，我們需要明確一下內向者和外向者的最大區別是什麼，才能深入了解內向者的溝通模式。

在《內向心理學：享受一個人的空間，安靜地發揮影響力，內向者也能在外向的世界嶄露鋒芒！》一書中，作者將內向者和外向者的主要區別概括為：精力的來源方式不同。

性格外向的人，他們的精力來源往往是外部世界——參加各式各樣的社交活動、和形形色色的人打交道等。為什麼外向者總是喜歡與不同的人交談？因為他們需要為自己的精力進行「充電」。

而性格內向的人，往往是從他們的內在世界獲得精力，如思想、情緒和觀念等。因此，對內向者來說，與不同的人互動是一個「放電」的過程。每次與人交談結束後，他們往往需要一段獨處的時間來思考和回味，從而使自己重新恢復充沛的精力。

我們不妨這樣理解：在進行人際溝通時，外向者更加渴望「寬度」——與許多不同的人交流；而內向者更加注重「深度」——進行有品質、有思想的深度交談。

其次，我們再來看看內向者在人際溝通時通常會碰到的問題。

第一，開始交談之前，內向者很容易感到害羞。他們一般不會主動和別人聊天，因為他們害怕被別人拒絕。而且，別人的一些不友善的反應會引起內向者情緒上的極大波動。

第二，真正開始交談的時候，內向者很容易感到緊張。遇到人多的場面，內向者在發言的時候會出現大腦一片空白的現象，或者會在說話的時候結結巴巴。

第三，在交談結束之後，內向者容易多想。內向者會在腦子裡面一遍又一遍地回想自己剛才說話時表現得不完美的地方，或者為自己剛才說錯的一句話而耿耿於懷。

如果以上情況你經常碰到，請不要為此感到羞愧，因為這是內向者在與人溝通時很容易遇到的共同問題。

最後，我們轉換一下視角，來看看內向者在人際溝通時所具有的獨特優勢。

第一，內向者很少說廢話。與那些總是在喋喋不休的外向者相比，內向者很少說廢話。有時候，他們會覺得說廢話是「沒有重點」的一種表現，是在浪費時間。

第二，內向者更擅長傾聽。內向者通常感情都比較細膩，與外向者相比，他們往往更加擅長察言觀色、傾聽別人。

第三，內向者說話更有深度。內向者通常都會思考得比較多，很多想法都會醞釀得很久。因此，他們思考問題會更加成熟，說出來的話也會更有深度。

在《跟任何人都聊得來》一書中，作者曾經這樣歸納內向者的優勢：「如果會議中沒有內向者的參與，那麼最終的結論就可能欠成熟，執行的時候會慘遭失敗。」

除了了解到自己的優勢，作為一名性格內向者，還應當在以下方面做些努力，才能真正地成為一名溝通高手。

一、大膽去說，即使只有六、七成的把握

很多時候，內向者總是想要準備到百分之百再去講話，但是等到真正準備好了的時候，講話的時機早就錯過了。

前文提到，內向者說話具有一定的深度。實際上，即使只準備到六、七成，內向者說出來的話也依然會有一定的深度。只要勇於去表達自己的想法，內向者的發言往往都不會太差。

如果你實在覺得自己太緊張，大腦經常容易出現空白，可以去學習一些講話的技巧，如先複述別人的看法，等到情緒穩定之後再講自己的看法等等。

二、多累積成功的經驗，自信就有了

根據班杜拉的自我效能感理論，提升一個人自信心最有效的方法，就是多累積相關方面的成功經驗。

作為一名內向者，應盡量多嘗試當眾演講、多與人交流。也許你會遇到一些不理想的小狀況，但只有嘗試得越多，成功的經驗才會越多，你才會變得更加自信。

我自己就是一個非常內向的人，讀大學的時候擔任班代，迫不得已要經常在同學面前講話。做了老師之後，我更是經常需要面對學生講話。

即使是現在，當眾演講之前，我的內心也經常覺得十分緊張，但是之前所累積的一些成功經驗告訴我：只要勇於向前一步、大膽講話，就會獲得不錯的效果。

三、採用成長的心態面對不完美，不要害怕犯錯

內向者往往具有完美主義的心態，他們很害怕在溝通的時候說錯話。一旦說錯話，內向者就會不停地在心裡想來想去，心情久久不能平靜。

有時候，內向者還會直接責怪自己說：「真的是太魯莽了，下次千萬不要再輕易表達了，能逃避盡量逃避。」如果這種消極的想法在一個人的腦海中占了上風，那麼這個人就真的很難成為溝通高手了。

作為內向者，應當選擇更加積極的語言來暗示自己。例如，犯錯誤並不是對我個人能力的極大否定，而是意味著成長機會的到來；只要我能不斷地從錯誤中學習，就一定可以早日成為一名溝通高手。

內心強大的一個重要標誌：不帶評判地拒絕

在一個學期快要結束的時候，一個學生過來找我，說因為在網路上繳交政治課作業的過程中出了小問題，導致作業沒有繳交成功，結果錯過了截止日期，所以很不幸，他需要在下學期重修這門課程，學生希望我能夠幫助他。

可問題的關鍵是，我並不是這門課的老師，於是問學生為什麼不直接去找任課老師。學生說因為任課老師拒絕了他，所以他希望我能夠幫忙向政治課的老師求求情。

「小宋老師，幫幫忙啦。」學生懇求道。

因為我不想讓學生失望，同時又不願輕易拒絕別人的請求，所以我就選擇去幫這位學生求情。結果，那位老師很有原則，告訴我成績已經登錄進教務系統，這件事沒有通融的餘地。

當我把這個消息告訴學生的時候，學生很失望，反問我：「為什麼線上的作業繳交系統會出現問題？」「那位老師沒收到作業為什麼不提前提醒我一下？」學生的這些負面情緒我都理解，於是我向學生解釋了半天。但是學生並不滿意，我也開始變得有些生氣。

這個問題明明不是我造成的，但是因為我不懂得拒絕，硬攬下了這樁事情，結果給了學生希望，又讓他失望，使得原本還不錯的師生關係就這樣繫上了一個疙瘩。

於是我開始思考一個問題，為什麼自己總是如此害怕拒絕別人呢？

後來，在讀諮商心理師李雪寫的《當我遇見一個人》一書的時候，我找到了一個令自己滿意的答案。

作者認為，害怕拒絕別人的人，往往把「拒絕別人」等同於「傷害別人」。但真實情況是，拒絕別人並不會真正地傷害別人，真正傷害別人的是附帶的「評判」。

比如，孩子想要去動物園，媽媽本來可以直接拒絕孩子說：「孩子，媽媽今天特別忙，工作上還有一堆事情要做，要不等到下個週末我們再去動物園？」這種拒絕，其實不會對孩子的心理造成太大傷害。

但是這個媽媽卻選擇了這樣說：「你怎麼這麼不懂事？媽媽整天為你忙東忙西，拚命地賺錢，你就知道添亂，也不知道體諒一下媽媽！」這種拒絕，就會對孩子造成很大的傷害。因為這種拒絕暗含著對孩子的負面評判——「你不懂事」、「你不知道體諒媽媽」。

在人際溝通的過程中，別人可以提出請求，我們當然也可以拒絕。只要在拒絕的時候掌握一些技巧，不要加入對別人的隨意評判，做到「對事不對人」，我們就不會傷害別人。

關於什麼是不帶評判的拒絕，我再舉一個例子。最近，一個學生問我：「老師，開學那兩天，我的一個表哥結婚，我可以請幾天事假嗎？」

我可以選擇用以下三種方式中的一種來回答這個問題：

第一種方式：「我理解你的處境，要不你去參加婚禮吧，這件事我睜一隻眼、閉一隻眼就算過去了。」（解析：不敢拒絕學生，但是違反了學校管理規定。）

第二種方式：「你怎麼這麼多事？表哥結婚你也要請假？讀書比參加表哥的婚禮更加重要，你能不能搞清楚？」（解析：帶有評判性質地拒絕。）

第三種方式：「根據學校的規定，參加親戚的婚禮不屬於事假範圍，不來上課會以曠課處理，你要考慮清楚事情的後果哦。」（解析：不帶評判地拒絕。）

根據之前的工作經驗，選擇第三種方式來拒絕學生效果最好。因為第一種方式縱容了學生，同時也違反了老師的職業原則；第二種方式帶有評判的性質，容易傷害學生的感情；第三種方式是不帶評判的拒絕，只是在陳述一個客觀事實。

也許你會說，第三種方式也會傷害別人的感情。當然，我對此並不否認。當有人向你提出請求，但是他卻沒有得到滿足，第一反應肯定是有些失望甚至是氣憤。但是等到這些失望、氣憤的情緒慢慢退去，對你的尊重就會慢慢顯露出來。

我發現，當我勇於維護自己的邊界，鼓起勇氣拒絕學生的不合理請求的時候，他們反而懂得了如何去遵守規則、懂得了如何尊重老師。

其實，我們無論是作為老師與學生相處，還是在職場上與同事相處，懂得合理地拒絕對方都是一件非常重要的事情。如果我們懂得合理地去維護自己的邊界，那麼我們會因此減少很多不必要的負面情緒以及精神上的壓力。

「**拒絕不等於傷害**」，在此與各位讀者共勉。

那個態度冷漠的人，只是害怕再次受到傷害

日本經典電影《紅鬍子》中有這樣一段劇情：令人敬佩的紅鬍子醫生救治了一位被販賣至青樓做雛妓的十二歲少女登代。

因為登代在妓院受盡了各種非人的虐待，身心飽受傷害，所以他對紅鬍子醫生的熱心救助始終抱有一種冷漠的態度，並且反覆拒絕紅鬍子醫生對他的救治。他不太相信紅鬍子醫生是真心為他好，甚至有些擔心紅鬍子醫生會再次傷害他。

令人印象特別深刻的一個片段是：當紅鬍子醫生第一次對登代餵藥的時候，登代就故意把餵藥的湯匙打翻，並把藥灑到了紅鬍子的臉上。這時候紅鬍子醫生不僅沒有生氣，反而臉上掛著微笑，帶著一顆憐憫的心接著對登代餵第二次藥，但藥勺卻再一次被登代打翻了。

如此反覆多次，紅鬍子醫生始終沒有失去耐心。一直到紅鬍子醫生第五次向登代

餵藥的時候，登代才肯接受紅鬍子醫生的救治，最終把藥喝了下去。

正是紅鬍子醫生一次又一次的耐心舉動，最終突破了登代所使用的「冷漠」的心理防禦機制，溫暖了他那顆早已冰冷的心。

你身邊是否有一些看起來十分冷漠的人？當你十分熱情地向他們打招呼的時候，得到的卻是十分冷淡的回應；當你十分努力地想用自己的熱情去感染他們的時候，得到的還是十分冷淡的回應。

此外，那些看似冷漠的人，總是喜歡緊閉心門，對別人的關心表現得很冷漠。與此同時，任何負面評價都會讓他們快速地提高警惕，並快速啟動心理防禦機制。

而且，冷漠的人往往不會輕易在別人面前展現真實的自己。他們的面部表情，就像一個已經在憂傷中定格的面具。

如果做進一步的分析，就可以發現，態度冷漠的人往往具有以下三個心理特點：

一、那些冷漠的人，往往是曾經受到過傷害的人

傷害或許來自全心投入地去愛某一個人，最後卻被對方狠心拋棄了的經歷；或許來自完全相信某個朋友，卻換來一次痛徹心扉的被欺騙的經歷；或許來自深深地相信這個世界的美好，最後卻被惡人利用並傷害。總之，這些經歷會讓一個人不敢再輕易

相信周圍的人，同時對任何人的善意都充滿了懷疑，並戴上冷漠的面具。

二、那些冷漠的人，往往也是缺乏安全感的人

一個沒有安全感的人，不會輕易把自己的心打開，於是戴上冷漠的面具，小心翼翼地保護自己。之所以缺少安全感，或許是因為他們在童年時期缺少父母的關愛。

一個心底沒有得到過愛的人，往往也不知道該如何給予別人愛，索性就把自己封閉起來，以冷若冰霜的面貌示人。之所以缺少安全感，或許還因為他們在成長的過程中遭受過一些意外的挫折和打擊，形成了心理創傷，從而對周圍的人或者環境懷有一顆強烈的戒備心。

三、冷漠的人的思維模式——在你拋棄我之前，我要先拋棄你

無論是曾經受到過傷害的經歷，還是缺少安全感的成長歷程，最終都會讓一個冷漠的人啟動這樣的思維模式——在你拋棄我之前，我要先拋棄你。在這種心理防禦機制下，冷漠者便不會再輕易受到傷害。

在這種思維模式的作用下，冷漠者披上了一層看似麻木的外衣。而無論一個冷漠者的外表有多麼的冷若冰霜，其實都掩蓋不了他那顆曾經受到過傷害的心。

他那冷漠的表情只不過是在向世人一遍又一遍地吶喊：「請不要再傷害我了，我害怕再次受傷！」

明白了冷漠的人的心理特點，那麼我們在和冷漠的人相處的過程中，要特別注意以下兩點。

第一，不要把冷漠的人看成怪胎，他們只是害怕再次受到傷害。

因為冷漠的人很少會和周圍的人主動交流，所以他們往往被看成「獨行俠」。時間久了，他們很容易被身邊的人孤立或者排斥，並且被扣上「怪胎」的帽子。其實，冷漠的人並不是「怪胎」，他們只是害怕再次受到傷害而已。

作為一名老師，我經常會遇到一些態度冷漠的學生，和學生交談時，我的一個溫暖微笑換來的可能只是一個冷冷的回應。

剛開始的時候，我覺得異常受挫。但只要耐心地深入了解這些學生，就會發現：他們或者來自不幸福的家庭，或者曾經有過一段受傷的經歷。

一個感到幸福的人，是不會輕易戴上冷漠的面具的。

而一個冷漠的人之所以要選擇讓自己看起來不容易接近，只是因為他想保護自己。如果我們懂得了這些道理，日後在和冷漠的人相處的時候，就不會那麼容易生氣、上火。

第二，一顆帶有包容精神的心，是打開冷漠者心門的鑰匙。理解冷漠的人只是第一步，要想打開冷漠者的心門，我們一定要有足夠的耐心和同理心。

記得有一天晚上十點左右，我剛要睡覺時收到了學生的一則微信。先不說晚上十點是休息的時間，關鍵是這個學生問我的問題是我之前在班級微信群組裡強調了好幾遍的一件事情。而且，學生在發給我的這則訊息中連個稱呼都沒有，直接問我：「你能告訴我某某事情怎麼做嗎？」

說實話，收到這則訊息後，我覺得有些煩躁和生氣，想馬上對他進行一番責罵教育，但是我忽然想到，這個學生來自一個單親家庭。他在成長過程中沒有得到多少父母的關愛；在和身邊同學相處的過程中，他也經常被班級同學孤立。在他的生活中，肯定有足夠多的人去說他的缺點了，因此不需要再多一個我去批評他了。

於是，我就耐著性子解答他的問題。大概來來回回發了十幾則訊息之後，沒想到這位同學忽然說了一句：「老師，您辛苦了。這麼晚打擾您，實在不好意思。」

看到這句話，心頭一暖，我慶幸自己一開始的時候沒有用急躁的脾氣去對待這個看似冷漠的學生。

總之，唯有具備十足的耐心，我們才能最終打開態度冷漠者那扇緊閉的心門。請相信，態度冷漠者的心門一旦被打開，他們對這個世界積蓄已久的愛就會傾瀉而出。

chapter 10

明確人生的方向：
照自己喜歡的方式過一生

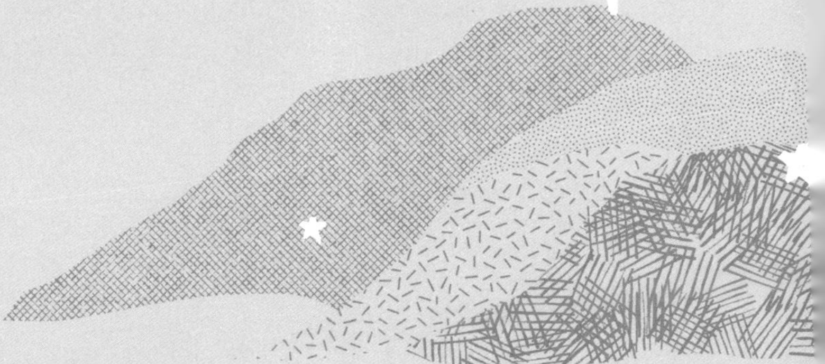

如何找到一份適合自己的工作

對於我來說，二〇〇九年是一段灰暗的歲月。在幾乎長達一年的時間裡，我品嘗了失眠所帶來的精神痛苦。那一年，我正在上海讀研究所的二年級。在失眠的這一年時間裡，我的大腦中充滿了對未來的焦慮以及對自己現狀的不滿，經常會反反覆覆思考同樣一個問題：「畢業之後，我到底適合做一份什麼樣的工作？」

為了回答這個問題，我日思夜想，還因此把「職業生涯規畫」作為自己的碩士論文選題方向。

後來，我進入了大學工作，也未停止對這個問題的思考。不過，與之前相比有所進步的是，工作之後的我，除了在大腦中拚命思考這個問題，還會嘗試帶著這個問題在實踐中去探索答案。例如，除了做一些行政工作，我還嘗試在學校開設課程，在網路平臺上寫作，到校外參加一些感興趣的培訓課程，和不同行業的人交流等等。

現在的我，已經工作了八個年頭，對於這個問題的答案已漸漸清晰。我發現自己是一個渴望生命深度的人，同時對探索人性有著濃厚的興趣。結合我樂於助人的性格，我認為：從事心理諮商工作以及進行心理學知識的分享（講課和寫作），是我畢生願意去追尋的職業目標。

在探索「我到底適合做什麼工作」的答案的過程中，我讀了很多書、走了很多彎路、請教了很多人、忍受了很多的痛苦、交了很多的「學費」，因此我很想把自己的這些心得體會拿出來分享。

不過，需要聲明的一點是，探索這個問題的答案的過程需要極大的耐心。很多急於求成的人往往會在探索一段時間之後，發現沒有什麼進展，就很容易得出「工作，無非就是一種謀生手段，別指望從中得到太多」的悲觀論調，從而和原本可以過得更加精彩的人生說再見了。

那麼，對於很多人來說，為什麼「我到底適合做什麼工作」如此難以解答呢？

根據職業心理學之父帕森斯的人職配對理論，要想回答這個問題——「我到底適合做什麼工作」，需要完成三個步驟：

第一步：了解自己——了解自己的興趣、技能、價值觀等。

第二步：了解職業——了解從事某份職業所需要的資格和特質等。

第三步：人職配對——選擇一種適合個人特點的職業，從而獲得成功。

從表面看，這三個步驟並不複雜，但是每一個步驟執行起來都會讓人感覺舉步維艱。比如，了解自己就不是一件簡單的事情，因為「我是誰」是一個複雜的哲學命題。雖然權威的心理量表和性格測驗可以幫助我們從不同角度去了解自己，但是得出的結果無法反映個性特徵的全貌，總是讓人感到半信半疑。

同樣，了解職業也不是一件簡單的事情，因為有那麼多不同種類的工作，而且隨著時代的發展，每天還有很多新的職業產生。很多人鼓起勇氣想要去了解職業，但又不知道該從什麼地方下手。

既然第一步了解自己和第二步了解職業都這麼難，就更別談第三步的人職配對了。那麼，這個問題到底該怎麼解決呢？

一、不要心急：人生都要經歷迷茫期

根據舒伯的生涯發展探索理論，一個人在十五歲到二十四歲之間處於職業生涯探索階段，這一階段的任務，就是要搞清楚自己最適合從事什麼工作。

不過在中國有很多人的職業生涯探索期是從十八歲開始的。因為在十八歲之前，我們的主要任務就是好好讀書，所以累積的社會經驗可以說就是零。一旦踏入大學校門，很多人就會感到非常迷惑和茫然。

其實，在一生中，人或早或晚都要經歷一段時間的迷茫期。只要有一顆願意探索自己和周圍世界的好奇心和決心，我們從何時開始探索都不算晚。

我的一位心理學老師，他從三十幾歲才開始接觸心理學，從此一發不可收拾，現在已經成了中國著名的心理學家。好飯不怕晚，我們就怕一輩子都沒有勇氣去探索，一輩子都從事著一份自己不喜歡的工作，一輩子都在「歲月蹉跎」的嘆息中度過。

二、少想多做：在實踐中了解自己和職業

在失眠的那段時間裡，我悟出了一個道理：千百次職業生涯規畫，比不上一次帶著問題到現實世界中的探索與實踐。其實，不了解自己沒有關係，不了解職業也沒有關係，但我們要知道，這些東西是關在屋子裡想不出來的。

而最好的了解自己和了解職業的方式，就是帶著一些假設甚至一些偏見去從事一份實習、兼職或者全職工作，尤其是在年輕的時候。也許，我們頭腦中的這些關於自我或者職業的假設、偏見會在實踐中被推翻，但實踐就是我們了解自己和這個世界的第一步，也是最為正確的一步。

有人說，工作是一件大事情，我要認真考慮清楚再做決定，或者我要多聽聽家長

的意見、多聽聽朋友的看法。但問題是，在不了解自己和職業的前提下，「我到底適合做什麼職業」的問題是找不出答案的。同時，也沒有人可以代替你去思考這麼重要的問題。在這件事情上，你唯一可以依靠的人就是你自己。

如同「小馬過河」的寓言故事一樣，具體到「我到底適合做什麼工作」的事情上，我們只有親身經歷了，才能體會得更加深刻。

需要注意的是，**這裡說的實踐，一定是指帶著問題的實踐、有反思的實踐**。在剛開始的一份工作中，我們要經常問自己幾個問題：「我的興趣在何處？」「周圍人如何評價我的性格？」「做什麼事情的時候會讓我有如魚得水的感覺？」對於這些問題的解答和反思，都可以不斷加深對自我和職業的了解。

三、不斷試錯：正確的選擇來自錯誤的嘗試

有人會問：「在實踐的過程中，萬一我發現選錯了工作該怎麼辦？」其實，「錯誤的工作」往往可以說明「正確的道理」。為什麼這麼說呢？

如果說你投入了很大的努力，結果還是覺得眼前的這份工作做得不開心、不如意，每一天都覺得壓力很大，那麼恭喜你！因為任何失敗都是一份包裝醜陋的禮物，你將因此得到一份巨大的「職業生涯規畫大禮包」。

一份令你不滿意的工作，不僅可以讓你了解自己的局限性，同時也會讓你更加深刻地了解自己的興趣和價值觀。同時，以這份工作為起點，你會對一種職業、一個行業有更加深入的了解。這一切的價值，都將會在你下一次的職業選擇過程中得到充分的體現。

總之，在不斷的實踐和探索中，我們對自己以及對職業的了解都在不斷加深，也會離「適合自己的工作」越來越近！

你屬於哪一種「職涯定錨」

我們要想找到適合自己的工作、過上欣欣向榮的生活，「認識自己」是無法逃避的一個課題。因為一個人只有清晰地認識自己，才有機會在自己所擅長的領域充分發揮潛能、實現自我價值。

不過，「認識自己」是一個相當抽象的課題。那麼，我們到底該認識自己的哪些方面呢？從職業生涯規畫的角度來看，我們應當著重的是深入了解自己的興趣、價值觀等等因素。

我們所熟知的霍蘭德職業興趣測驗，主要是從興趣方面幫我們更好地了解自己，而美國的夏恩教授所提出的「職涯定錨理論」，則是一種可以幫助我們了解自身價值觀的有效工具。

所謂「職涯定錨」，是指一個人在做出職業選擇的過程中，無論如何都不會輕易放棄的東西。這個東西就是我們的深層次價值觀，是「真實自我」的真正體現。

這就可以解釋為什麼有很多才華橫溢的年輕人，會放棄更加能發揮自己潛力的大型企業，最終選擇進入公家機關尋求一份穩定的工作了。因為他們最深層次的價值觀是渴望安全和穩定。

「職涯定錨理論」的厲害之處在於，該理論明確指出了一個人只能有一種「職涯定錨」——在做出職業選擇時，無論如何都不肯放棄的內心最深層次的價值觀。當你為某種職業選擇猶豫不決的時候，如果能夠依據自己的「職涯定錨」來做出選擇，就不容易後悔。

下面，我就透過自己身邊的八個案例，向大家介紹八種不同類型的「職涯定錨」。大家可以嘗試分析一下自己屬於哪一種類型，從而加深對自己的認識。

第一種：技術／職能型的小A

小A最近剛剛升上了教授，是我的朋友中職稱上升最快的一個人，同時也是大家公認的從事學術研究的高手。他以鑽研學術為樂趣。對於他來說，週末就意味著可以不受干擾地連做兩天研究工作。

有一次同學聚會，他喝多了，去廁所後好長時間都沒出來。於是我去找他，結果發現，他拉著另外一位朋友在廁所門口談論中國高等教育目前在管理體制方面所存在的一系列問題。雖然在酒精的作用下他已滿臉通紅，但是他講得繪聲繪色、眉飛色舞、邏輯縝密，令人敬佩。

小A就是技術／職能型的典型代表。這一類人渴望生命的深度，致力於成長為一名專家型人才。對於這一類人來說，任何和專業無關的事情，都很容易成為一種時間上的損耗。這一類人不太喜歡做管理工作，而是喜歡安安靜靜地在自己擅長的領域做出一些成績來。

第二種：管理型的小B

小B是朋友圈中被公認的EQ比較高的人。大家在一起的時候，他通常都能細心地照顧到每個人的感受。

無論大家地位高低，他讓每個人都能感受到他的熱情和尊重。

在工作上，他還是一個勇於承擔責任的人。比如，小B所在的建築公司想在柬埔寨拓展新的業務，沒人願意前往。小B自告奮勇前去安營紮寨，帶領員工把公司業務做得風生水起，深得老闆青睞。回國後，他不斷得到提拔，三十歲出頭的時候就已經升到了較高的管理職位。

小B就是管理型的典型代表。這一類人擅長與人相處，勇於承擔責任。同時，他們能把公司或某個組織的成敗看成自己工作能力的證明。與此同時，帶領一群人攻堅克難、完成某項任務，會讓管理型的人感到十分興奮。

第三種：自主／獨立型的小C

小C在一家雜誌社工作，中文系畢業，是大家公認的才女，但是他和主管的關係一直不是很和諧。小C覺得主管給他的限制太多，他自己認為很好的選題經常被主管駁回，自己辛辛苦苦做的工作經常被別人搶功。終於，在一次和主管的激烈爭吵之後，小C憤然離職。

後來小C開始創辦個人網路平臺，在家做起了自由工作者。不到一年時間，小C出版了自己的第一本書，各大寫作平臺的稿約不斷。雖然收入不是很穩定，但是小C對我說，他十分享受自己目前的生活狀態。

他的原話是：「周圍的空氣，都充滿了自由的味道。」

小C是自主／獨立型的典型代表。這一類人討厭組織內的各種限制，更加傾向於以自己喜歡的方式去做真正感興趣的工作。即使所做的工作缺乏穩定性，但是他們依然覺得自由和自主更加重要，很多自由工作者都屬於這一類人。

第四種：安全／穩定型的小D

我的同學小D也是一個很有才華的人，研究所畢業之後，他沒有選擇進入更能發揮自身潛力的一家外商，為了工作穩定，他選擇進入公家機關工作。雖然工作兩年之後小D也開始對眼前的這份工作有些厭倦，總是抱怨自己懷才不遇，但是他始終沒有勇氣走出去。

他最喜歡說：「你看那些創業公司，開始的時候做得風生水起，薪資待遇很吸引人，可是過不了幾年就倒閉了，人最怕的就是瞎忙一場。」

小D是安全／穩定型的典型代表。對於這一類人來說，工作的穩定性是他們選擇工作的首要因素。「鐵飯碗」之類的工作通常對他們極具吸引力，即使他們的潛能無法在工作中得到充分發揮，也絲毫不會影響他們的選擇。

第五種：創造／創業型的小E

朋友小E的夢想自始至終都是創立屬於自己的品牌和企業。他滿腦子裝著各式各樣的商業模式，整日想著如何去賺錢。

有一次他跟我談創業計畫，一直談了六個小時，他臉上的興奮感卻絲毫未減。後來，他歷經千辛萬苦，真的在上海創立了一個餐飲品牌，並且開了六、七家分店。就在事業發展得蒸蒸日上的時候，他卻忽然宣布，要去重新創立一個知識學習的品牌。原因是，他覺得現在這份事業已經不再讓他感到興奮和刺激了。

小E是創造／創業型的典型代表，這一類人痴迷於創造一個新的東西，同時對已經擁有的東西很容易感到厭倦。這類人通常不會在傳統的企業中待很長時間，因為他們始終懷著創立新公司的夢想。

第六種：服務／奉獻型的小F

要說朋友圈中最為熱心的人，那非小F莫屬。只要你有事情拜託他幫忙，他就一定會盡全力去幫你。大學畢業的時候，他去偏遠山區教過一年書。回到上海後，他每個月還堅持寫信給他曾經教過的孩子和郵寄生活費。

最近一次朋友聚餐，他花了很長時間跟大家講解垃圾分類的重要性，以及快速分辨垃圾類別的技巧。

小F是服務／奉獻型的典型代表。這一類人天生就是熱心腸，他們熱衷於為身邊的人和這個社會做出自己的一份貢獻。他們往往會認為，幫別人、為社會做出貢獻比得到更多的金錢更有價值。

第七種：挑戰型的小G

小G天生就是一個愛活動的人，總是熱衷於接受新的挑戰。

讀大學的時候，他創辦了校園裡第一家電子競技社團，招募了五百多個會員，使其成為學校裡面最大的一個社團。他還練過散打，參加過校園歌手大獎賽，畢業後一個人走遍了二十多個國家。

大學畢業的時候，文科出身的他，選擇跨界成為一名IT男，靠著在業餘時間自學的技術，竟然找到了一份還不錯的工作。三年前，他就告訴我，他期望自己的年薪可以達到五十萬元人民幣。經過幾年的摸爬滾打，最近一次聚餐的時候，他告訴我，他的這個目標已經實現了。

小G是典型的挑戰型代表。這一類人熱衷於克服各式各樣的困難，在挑戰中不斷發揮自己的潛力。越是艱難的挑戰，越能激發他們的熱情和動力。對於這類人來說，一板一眼的生活通常沒有任何吸引力。

第八種：生活型的小H

我至今還記得，在大學即將畢業的時候，老師讓我們幾個同學談談未來的理想。當其他同學都在談自己想要飛得多高、飛得多遠的時候，小H卻篤定地說：「我的理想就是，擁有一個幸福的家庭，成為一個賢妻良母。」

說這話時，他那認真的表情，我到現在都記得非常清楚。後來聽說他因為離家遠放棄了一份很好的工作，轉而在離家近的地方重新找了一份工作。

小H是典型的生活型代表。這一類人更加看重工作與家庭生活的平衡，他們在尋找工作的時候十分在乎做這份工作是否能夠同時照顧到家庭。

讀到這裡，也許你已經對自己的「職涯定錨」類型有了一個初步的推測。如果你依然覺得自己的「職涯定錨」相當模糊，也是非常正常的。因為明確自己的「職涯定錨」的過程，需要具備一定的生活閱歷和實踐經歷，同時也是一個不斷試錯的過程。

我曾經認為自己很適合去做銷售工作、從事管理工作、做英文翻譯，可是經過若干次的試錯之後卻發現，自己始終無法割捨的是在專業方面的成長。也就是說，我是屬於技術／職能型的「職涯定錨」。

確定「職涯定錨」的過程實際上是一個去蕪存菁、去偽存真的斷捨離過程，什麼都想要的結果很可能是——什麼都得不到。

例如，有的人既想要安穩的工作，又想不斷接受新的挑戰，還想追求獨立和自主，那麼就很容易長時間深處糾結和失意之中。

這個時候需要做的就是，根據自己的「職涯定錨」來選定工作，因為這樣做出的決定，我們最不容易後悔。

總之，我們只有明確了自己的「職涯定錨」，才能選擇適合自己本性的職業，最終才能有機會更好地實現人生價值。

有「心流體驗」的工作，才是好工作

一次心理學課程結束之後，一位同學問我：「老師，我對心理學很感興趣，將來我想成為一名諮商心理師。但是我聽說，成為一名優秀的諮商心理師特別不容易，學習的過程會很艱辛，需要熬很多年才行。您能給我一點建議嗎？」

我對學生說：「沒錯，很不容易。無論你做哪一行，要想在一個行業中成名成家，都不容易。除非你能經常在工作中找到『心流體驗』，就不會覺得工作的過程很難熬了，因為工作本身對你來說就是一種樂趣。」我耐心地跟學生解釋說。

「老師，什麼是『心流體驗』？」學生彷彿抓住了救命稻草，急切地問道。

「心流」的概念是由正向心理學家米哈里．契克森提出來的。現在請你回想一下，你是否有過下面所描述的這種體驗：當你沉迷於做某件事情的時候，你會感覺身心合一，並且有一種深深的掌控感。做事情的整個過程都是行雲流水，時間過得飛快，達到了一種「忘我」的境界，這種體驗就叫作「心流體驗」。「心流體驗」可能產生於讀書、寫作、音樂、舞蹈、繪畫創作、與人聊天、運動健身、烹飪美食，以及其他各種你所感興趣的事情中。

下面我就以「上幸福課」的事情為例，描述一下自己的「心流體驗」。如果星期三要帶學生上幸福課，星期一的時候我就會變得異常期待這一刻的到來，而上課的過程中我也經常會產生身心合一的感覺。尤其是當學生聽得入神的時候，我會變得更加熱情，思維變得異常活躍，語言變得更加通順流暢，覺得時間過得飛快。

為什麼說「有『心流體驗』的工作，才是好工作」？因為做一份具有「心流體驗」的工作，你不會感覺到累。你會深深地沉浸其中，樂此不疲。

股神巴菲特在和一群大學生交流的時候曾說：「如果你們和我有任何不同的話，那就是我每天起床後都有機會做我最愛做的事情，天天如此。如果你們想從我這裡學到什麼，這就是我對你們的最好忠告。」

假如你在工作中找不到任何「心流體驗」，且缺少樂趣，那麼，你就很容易覺得度日如年，天天期待著早點下班，天天期待著假期的到來，然後好去做一點真正能夠為自己帶來「心流體驗」的事情。

此外，當一份工作能夠為你帶來「心流體驗」的時候，你會在工作的時候顯得鬥志昂揚、活力四射、渾身上下都有使不完的勁。反之，如果一份工作總是讓你感覺到壓力和無趣的時候，你的身體健康也會受到影響。

我的一個朋友，為了工作穩定，在一家公司從事著一份自己壓根就不感興趣的工作，整個人的心理能量都被深深地壓制住了。

他很容易生病，不是感冒發燒，就是胃不舒服。後來他辭職，換了一份自己真正感興趣的工作，結果身體狀態比以前好了很多。

那麼，我們如何做才能擁有一份具有「心流體驗」的工作呢？

一、選擇工作時不僅要看薪水，還要兼顧興趣

如果有兩份工作可以選擇，一份是「興趣較低、薪水相對較高」的工作，另一份是「比較感興趣、薪水相對較低」的工作，你會怎麼選？

我承認，在「白花花的銀子」面前，很少會有人選擇「薪水低」的那份工作。但是從長遠來看，從事一份能夠帶來「心流體驗」的工作所能得到的薪水，一定可以超過那份你不感興趣的工作所給你的薪水。因為從事一份容易產生「心流體驗」的工作，不僅可以讓你更加享受工作的過程，還會讓你的工作熱情更高、潛力發揮得更加充分，升職加薪的速度當然也會更快。

舉例來說，我的一個來訪者很擅長說服人，原本他想去做銷售工作。但是在剛畢業的時候他又擔心做銷售工作會被其他人嘲笑，因為他覺得這份工作看起來不像其他工作那麼光鮮亮麗。最終，他還是決定從事一份自己不喜歡但是看上去很有面子的、可以整天坐在辦公室裡的工作。在工作三年之後，他鬱鬱寡歡，心情長時間處於低落的狀態，最終不得不走進心理諮商中心進行求助。

二、把工作進行個人化的改造，從而產生更多的「心流體驗」

讀到這裡，也許有人會說，我對現在的工作就找不到任何興趣和熱情，可是我又覺得辭職的風險很大，該怎麼辦？這個時候，我們可以考慮先立足原位，對工作進行一番個人化的改造，以產生更多的「心流體驗」。

所謂對工作進行個人化改造，就是指在工作中創造更多的機會來去做自己感興趣或者擅長的事情，同時也能促進工作目標的達成。

比如，從事行政工作的小劉，一直對做PPT很感興趣，但是在工作中很少用到PPT。後來，他對自己的工作進行了個人化改造——主動申請幫助主管去做一些匯報工作的PPT。這樣一來，他不僅找到了存在感，還得到了部門主管的賞識。與此同時，由於他的PPT做得確實很棒，他在公司開始變得小有名氣。在主管的大力推薦下，人力資源部門開始安排小劉替新員工做 P P T 方面的培訓。

三、走出舒適圈，在適度的挑戰中享受更多的「心流體驗」

我的業餘愛好是打籃球，如果只是在籃球場地隨便投投球的話，很容易覺得無聊，然而一旦遇到合適的對手，在打比賽的時候，則會不斷有「心流體驗」產生。

也就是說，要想有「心流體驗」產生，我們往往需要一定的挑戰。正如塔爾．班夏哈在《更快樂：哈佛最受歡迎的一堂課》一書中所提到的那樣：「只有在工作難度適中又稍稍有些挑戰的狀態下，才最容易產生『心流體驗』。」

很多人都想找到一份輕鬆省力的工作，但是過於輕鬆的工作卻往往難以產生「心流體驗」，只會帶來更多的空虛感和無意義感。

總之，找到一份有「心流體驗」的工作並不是一件容易的事情。如果你暫時還沒擁有一份能夠經常讓你產生「心流體驗」的工作，請別灰心。下面我想用賈伯斯曾經說過的一段話和你共勉：「成就一番偉業的唯一方式就是熱愛你所做的事情。如果你還沒有找到這件熱愛的事情，請繼續尋找，不要停歇。」

所謂成功，就是照自己喜歡的方式過一生

前些日子，我參加了一個家庭聚會。這次家庭聚會，不像之前參加的一些聚會那樣——大家都戴著面具，彼此都會說很多恭維的話或者漂亮的話，然後大部分時間都在聊一些彼此都知道的事情，枯燥乏味。

這次聚會之所以顯得與眾不同，是因為在這次聚會上我遇到了多年未見的姐夫。要知道，大部分的家庭聚會上大家都談一些諸如工作怎麼樣、每月賺多少錢、房價是漲了還是跌了、現在投資理財有什麼更好的選擇等話題。但是，我的這個姐夫，沒有聊這些話題，他聲情並茂地跟我們講了自己如何培養「玩彈弓」的興趣。姐夫是個手藝人，會做木匠工作，也懂雕刻，但他最喜愛鑽研的是「彈弓」。

他從彈弓的製作講到彈珠的選擇，每一個細節都講得特別認真。為了提升彈弓技藝，他每天都會撥出固定的時間，立一個靶子進行練習，一直練習到自己理想的命中

率為止。此外，他還和自己約法三章，玩彈弓的時候，要「離人群遠、離車遠、離馬路遠」，把這個娛樂項目的危險性降到最低。

在酒桌上，我就這樣坐在一邊，津津有味地聽著姐夫講了將近一個小時的「彈弓」，我覺得自己好久沒在聚會上感到如此有趣和放鬆了。

姐夫說，他現在感覺很幸福，除了上班，就是做他自己感興趣的事。在他的眼裡，人生就是這樣其樂無窮；在我的眼中，這就是人生的一種成功。

在我的眼中，同樣活得很成功的還有我的四叔。

他大學畢業的時候，放棄了進入當地政府機關工作的保障資格，選擇了去大城市發展。要知道，在當時，他的這個決定很不被人理解。因為他是在一九九〇年代讀的大學，那時候這個選項還是非常吃香的。而他們這一批畢業生起點很高，直接掛職副鎮長，今後的仕途之路一片光明。

但是，他覺得自己不適合從政，執意選擇去大城市工作。工作了一段時間之後，他又考取了某知名大學的工商管理科系的研究生，之後在一家外商工作，拿著很高的年薪，上、下班有專車接送。

雖然生活條件已經很優越了，但是四叔始終覺得這並不是自己真正想要的生活。他是一個有情懷的人，對物質生活沒有特別多的追求。在讀大學的時候，他就經常把自己的零用錢拿出一部分給班上家庭困難的同學用。

後來，他辭職辦起了教育培訓班。那個時候，他最想做的一件事就是透過教育的力量影響更多的人。他自學了很多心理學和教育學的課程，並且在開辦培訓班的同時，經常會抽出很長時間和家長聊家庭教育的理念。

再後來，他因為要照看年邁的父母回到山東老家，去了一家學校擔任國學老師。此時的他，既沒有賺到大錢，又沒當上大官，在很多人眼中，他並不是「做得很成功」，但是在我的心中，他活得很成功。

最近一次和四叔吃火鍋的時候，我們平靜地聊著天。我坐在他身邊，多次瞥見他臉上的笑容。那種笑容真誠、平和，完全發自內心，特別具有感染力。我覺得用下面這四個字來形容他當時的精神狀態最合適不過，那就是——平安喜樂。

四叔對我說，他覺得自己能在父母年邁的時候在他們身邊照顧，同時又能教自己感興趣的國學，有機會向孩子們傳播傳統文化，他認為自己活得足夠幸福了。

我覺得，四叔和身邊那些賺了大錢、當了大官卻每晚焦慮得睡不著覺的人相比，的確是活得足夠幸福了。

無論是我的姐夫還是我的四叔，我覺得他們都活得足夠成功，因為他們享受自己目前的生活狀態，活得很幸福。

畢竟，在定義「成功」時，有什麼標準比「幸福」這項標準更加具有權威性呢？因為幸福是一個人在這個社會生存的最終目的。

當然，這裡的幸福，不是指那種膚淺的幸福。比如，吃點好吃的、玩點好玩的，這些感官上的愉悅都算不上真正的幸福。

真正的幸福，是一種自我價值的實現。正如亞里斯多德所說：「如果你是一匹馬，那麼你就應該去奔跑。」如果你身上有什麼獨特的潛能和特質，就充分地將其發揮出來，這個自我實現的過程，才是幸福的真諦。

因為每個人具有不同的特點，所以每個人的成功方式也各不相同。

只要能夠努力去發揮自己的特長和優勢，按照自己喜歡的方式過一生，就有可能得到所謂的「成功」。

然而，不可否認的是，在現實生活中，成功往往被等同於「賺大錢」和「做大官」這兩條標準。在這種錯誤成功觀的誤導下，人們很容易忘記去了解自己的本性、探索自己的優勢，只是人云亦云地去追求所謂的「成功」，結果在追求「成功」的過程中丟失了成功的最重要的一項標準——幸福。

由此所導致的後果，藉由ＴＥＤ演講者尼格爾．馬什的話來說，就是：「成千上萬的人都在無聲的絕望中煎熬著，他們夜以繼日地從事自己痛恨的職業，只是為了賺錢購買無用的商品，以博得他人無關痛癢的豔羨。」

雖然成功就是按照自己喜歡的方式過一生，但並不意味著成功的過程很輕鬆。恰恰相反，在追求成功的過程中，我們需要具備以下三種思維模式：

一、優勢思維

所謂優勢思維，是指要善於在工作和生活中不斷去探索自己的優勢，然後逐步找到「自己究竟喜歡以哪種方式過一生」的答案。

在探索優勢的過程中，我們必然會做很多錯誤的選擇。

例如，從事一份無法發揮自己優勢的工作，但是千萬別灰心，因為下一個正確的選擇往往來自過往錯誤的選擇。

二、更新思維

所謂的更新思維，是指要善於轉移比較對象，從「和別人比」轉移到「和自己比」。然後，我們要記得每天都問問自己：「今天的自己是否比昨天的自己進步了一點點？」

因為每個人的成功方式是不一樣的，「和別人比較」只會徒增很多憂愁和煩惱，甚至打亂自己發展的腳步，所以我們要學會按照自己的節奏去發展自己。

如果你是一隻烏龜，就不要和馬去比奔跑、不要和魚去比游泳，而是專注於自己本身的優勢（耐心），然後不斷磨練和升級自己的優勢。

三、共贏思維

所謂共贏思維，是指要完成從「我行，你不行」到「我行，你也行」的思維方式的轉變，即要努力完成思維方式從「單贏」到「共贏」的轉變。

如果大家對成功的定義是趨同化的，就很容易激發單贏的思維模式——總是想與別人分出個勝負。這樣一來，在競爭中敗下陣來的人，就會被貼上「Loser（失敗者）」的標籤。

而共贏的思維方式則主張，每個人都有自己獨特的一面，如果能夠充分發揮出來，就都可以成功。這樣一來，成功就不再是少數人的專利，而是一個人人都可以透過自己的努力去實現的目標。

高寶書版集團
gobooks.com.tw

高寶文學 061

此刻，告別你的混亂人生：
拋棄自我懷疑，解決不完美情緒，接納真實自我，打造喜歡的生活方式

作　　者　宋曉東
特約編輯　林婉君
助理編輯　高如玫
封面設計　Z 設計
內頁排版　賴姵均
企　　劃　何嘉雯

發 行 人　朱凱蕾
出　　版　英屬維京群島商高寶國際有限公司台灣分公司
　　　　　Global Group Holdings, Ltd.
地　　址　台北市內湖區洲子街 88 號 3 樓
網　　址　gobooks.com.tw
電　　話　(02) 27992788
電　　郵　readers@gobooks.com.tw（讀者服務部）
　　　　　pr@gobooks.com.tw（公關諮詢部）
傳　　真　出版部　(02) 27990909　行銷部 (02) 27993088
郵政劃撥　19394552
戶　　名　英屬維京群島商高寶國際有限公司台灣分公司
發　　行　英屬維京群島商高寶國際有限公司台灣分公司
初版日期　2021 年 5 月

國家圖書館出版品預行編目 (CIP) 資料

此刻，告別你的混亂人生：拋棄自我懷疑，解決不完美情緒，接納真實自我，打造喜歡的生活方式／宋曉東著. -- 初版. -- 臺北市：高寶國際出版：高寶國際發行, 2021.05
面；　公分. --（高寶文學：061）

ISBN 978-986-506-062-6（平裝）

1. 情緒管理　2. 生活指導　3. 自我實現

176.52　　110003914